いざ、医学部！

日本一おせっかいな講師がいる
医学部受験予備校の話

［著］鷲尾一彦
［監修］医学部進学予備校メビオ

幻冬舎MC

いざ、医学部!

日本一おせっかいな講師がいる
医学部受験予備校の話

この小説は、医学部進学予備校メビオへの2年以上にわたる現地取材を基にして執筆された、4人の受験生と、それを導く医学部予備校講師の物語です。ただし、登場する人物は架空のものであり実在の人物とは一切関係ありません。

目次

第2章　夏――格差

第3章　秋――挫折

プロローグ

3月20日　医学部進学予備校「メビオ」

3月、浪人生の受験生活は絶望から始まる。

この時期、全国の予備校で春期講習が一斉にスタートする。後期試験を受けた生徒のなかにはまだ合格発表を待っている者も少なくないが、前期試験に比べて競争率が極端に高いので、合格を夢見て休息を取るわけにはいかない。絶望に打ちひしがれつつも、来年に向けて動きださなければならないのだ。

現在、全国にある予備校は1000を超えるといわれる。そのなかで「医学部進学」を謳っているのは、およそ100校だ。医学部人気を受け、近年ではさまざまな特徴を打ち出した予備校が登場している。集団指導、個別指導、少人数制といった授業スタイルや、合格率、特定の大学を対象にしたカリキュラム……。生徒たちは、そんな数ある予備校のなかから「ここぞ！」と思ったところを選び、これから約1年の間、授業を受けながら志望校合格を目指していく。

それは同時に、多くの生徒にとってこれまで捧げてきた時間と労力が無意味に思える瞬間でもある。周囲からのプレッシャー、これまでともに戦ってきた同志との別れ、先の見えない不安など、さまざまな気持ちを抱えながら、それでも机に向かうしかない。その事実を改めて突き付けられるのだ。

(朝から講師室の前に生徒が並ぶなんて……)

眠気でまだ少し重いまぶたをこすりながら、進藤和也は心のなかで驚きの声を上げた。

大学卒業後、いくつかの大手予備校で講師を掛け持ちしていた進藤は、偶然再会した大学時代の先輩である関目に誘われ、この春から医学部進学予備校「メビオ」の講師として働くことになっていた。

メビオは大阪市の天満橋にある少人数制の医学部進学予備校である。駅から徒歩3分のビル全体が校舎になっており、全国から集まった生徒たちは朝9時半から夜の9時半まで、毎日授業と自習を重ねて、学力のアップを図る。

進藤にとって、今日は正式に勤務する初日だった。予備校勤務には慣れているつもりだったが、朝一番から講師に質問するため、講師室の前に生徒が列をなしている光景は初めて見る。

コロナ対策のため、みんなマスクをしているので表情は読み取りにくいものの、テキストとノートを胸元に抱える姿は真剣そのものだった。

「おはよう」ひとしきり質問対応を終えた関目が、地下1階にある講師室から階段を上がってきた。

小柄で童顔なので年齢よりも若く見えるが、進藤の3つ上の35歳だ。メビオではすでに12年の実績があり、今年からは主任になることが決まっていた。

「あ、おはようございます」

「授業まで時間があるので、校舎を案内するよ」

1階のエントランスにたどり着くと、関目はドアの脇に置いてある消毒液を手に取り、指先から手首まで丁寧に塗り付けた。進藤がそれにならい向き直ると、受付のカウンターの奥にいた数人の女性スタッフがスッと立ち上がり、にっこりとほほえんだ。時節柄、全員マスクを着用している。

「おはようございます」

会釈を返した進藤に、関目が説明する。「彼女たちはアシスタントスタッフ。通称、AS(エース)さん。生徒の授業の出欠状況や遅刻している生徒への連絡、自習室の予約の受け付けに食事の確認など、講師や生徒が学習に集中できるよう、いろいろとサポートをしてくれてる」

説明が終わるのを待って、いちばん手前にいたASが小さく頭を下げた。

「進藤先生ですね。ASの清川です。これからよろしくお願いします」

自分の名前を呼ばれて進藤は少し驚いた。出勤するのは今日が初めてであり、それ以前に訪れたのは見学に来たときだけだ。彼自身が名前を覚えている職員は関目くらいだった。

「彼女たちは今年入った生徒も含めて、全員の顔と名前を覚えているんだよ」フフッと笑って、関目が言った。

「もちろん講師もね」

「ええっ、だってまだ新年度が始まったばかりなのに」

「じゃあ、試してみるか？」

関目が清川に目配せをして今入ってきた生徒を指差した。

すると、清川は軽くうなずき「吉水くん、おはよう」と生徒に声を掛ける。

「おはようございます」

「佐藤さん、おはよう」

「秋山くん、おはよう」

そう言って、次々とやってくる生徒に声を掛けていく。

（わぁ……）

訪れる生徒すべての名前を空で言い当てる清川。その姿に、進藤はちょっとした感動を覚えた。

進藤が以前働いていた大手予備校でも、サポートをしてくれる事務職員はいたが、彼らが名前を覚えているのは、かなり個性の強い生徒だけだった。

「メビオには全国から生徒がやってくるんですが、初めて親元を離れて暮らす子も少なくありません。知らない場所でも、自分のことを知ってくれている人がいるとホッとするでしょう？ちょっとしたことかもしれないけど、実は結構大切だと思っていて……」

そんな話をしていると、横から生徒が「すいません、清川さん」と声を掛けてきた。講師への提出物を持ってきたようだった。

「じゃあ僕は、進藤先生に上の階を案内してくるよ。清川さん、ありがとう」

そう言うと、関目はエレベーターホールのほうへ向かった。

「ありがとうございました」

ペコリと頭を下げて進藤も続いた。


メビオの校舎は地下1階から地上9階の10フロアになっている。地下には自習室と講師室があり、1階が受付、2階には食堂がある。3階から8階は教室になっており、最上階の9階にも自習室がある。

「ここでは少し静かに。私語厳禁だから」

エレベーターを降りると、関目は声をひそめて言った。

室内は白で統一されており、隔壁で区切られたブースが全部で53席設けられている。予約をすれば、朝8時半の開館から夜9時半の閉館まで、校舎が開いている時間帯はいつでも利用できる。

その日も、朝から自習室は満席だった。

換気のために窓を少し開けてある。

「なにか珍しい?」

生徒たちをじっと見つめる進藤に関目が声を掛けた。

「あ、いや、なんというか……。いろんな生徒がいるんですね」進藤は言葉を濁した。

自習室では、まだ幼く見える10代の生徒と、「生徒」というのには貫禄があり過ぎるひげ面の浪人生が並んで勉強していた。見た感じは進藤とそう変わらない年齢のようだった。

医学部受験では3浪以上の多浪生が珍しくない。あるいは一度大学に進学したり、大学を卒業して企業に就職したりしてから、医師を目指したいとメビオを訪れる者もいる。メビオでは、30歳を過ぎた生徒も一緒に授業を受け、合格を目指すのだ。

進藤は、そんな自習室の様子に、医学部受験がいかに特殊な受験であるかを垣間見たような気がしていた。


自習室のある9階からエレベーターで下りると、生徒たちが授業を受ける教室があった。ドアにはガラスの窓が付いていて、教室の中が見えるようになっている。

5坪ほどの部屋には、会議用の長机が4卓と椅子がそれぞれに2脚ずつ、きれいに並べてあった。まだ誰もいない教室、2、3人の生徒が自習している教室など、各クラスで思い思いに過ごしている。

「思っていたより生徒との距離が近いですね」大手予備校の大教室に慣れた進藤にはずいぶん狭く感じられた。

「もともとはそうなんだけど、コロナ予防のために、この春から講師は別の場所にいて、オンラインで授業を行っているんだ」

「クラス分けは成績順ですか?」進藤が尋ねた。

「うーん。大きくはそうだけど、あとは生徒の学習の傾向や性格、問題を解くスピードなども見ながら常勤の講師で決めていくんだ」関目が言う。

「うわ……、結構大変そうですね」

「全部で25クラスあるからね……。夏以降のクラス替えは修羅場だよ」

「なんでそこまでして、少人数クラス制にこだわるんですか? 学力アップなら個別指導のほうが効率も良さそうなのに」

「うーん、一般的な学部を目指すならそうかもしれないけど、うちは入試最難関とされる医学部を目指す生徒がほとんどだから、少人数のほうが合ってるかな」

「?」

「1年過ごせば分かるよ」

そう言って、関目はフフッと笑った。

教室で楽しそうに話す生徒たちの様子を見て、進藤は昔のことを少し思い出した。

関目と進藤は京都大学の先輩・後輩だった。お互いK塾など大手予備校をいくつか掛け持ちして、受験生を教えてきた。進藤が予備校の講師を始めたのは京都大学の大学院を卒業するよりも前で、講師歴は6年になる。

学生時代の関目は、バックパッカーとしてフラッと世界を旅しては帰国し、数カ月後にはまた別の国に出掛けるような生活を繰り返していた。あまり人に干渉しないタイプに見えてスイッチが入ると急に熱くなることがあり、少し厄介者扱いされることもあったが、進藤にとっては肩肘張らずに付き合える良き先輩だった。

進藤もバックパッカーをしていた時期があり、共通の話題が多かったので、自然と親しい関係を築くことができた。

そんな2人が再会したのは、昨年末に開かれた忘年会である。

関目が大学院を卒業して以来しばらく疎遠になっていた2人だが、思い出話に花を咲かせるうち、お互い今も予備校講師を続けていることが分かった。そこで関目から「今、人手が足りなくなってきているから、良ければ来てくれないか」と頼まれたのだった。進藤は少し考えたが、数日後にOKの返事をした。

いちばんの動機は安定した生活だった。メビオには、常勤講師として10年以上勤めている人が少なくないのだ。

進藤がそんなことを考えながら階段を下りていくと、どこからかいい匂いが漂ってくることに気づいた。

「これは……焼き魚？」

「食堂を見るのは初めてだったかな？」

メビオの2階は食堂になっていて、管理栄養士や調理師免許をもった専任スタッフが朝、昼、夜にできたてのごはんを提供している。また、食事の時間以外には無料のコーヒーが提供されているため、生徒の憩いの場ともなっていた。

関目と進藤が食堂に入ると、すでに生徒たちが食事を取っていた。

机の上には飛沫よけのアクリル板が設置してあり、椅子はすべて同じ方向を向いているのに加え、それぞれの席の間にはソーシャルディスタンスがきっちり設けてある。

「メビオでは講師も同じ食堂で食べるんだよ。担当する生徒と一緒に食事をすると、いろいろと見えてくることもあるし」食堂の奥に進みながら関目が言う。

奥にはステンレス製のカウンターがあり、そこにおかずの入った小鉢が並べられていた。この日のメニューは、鰆《さわら》の西京焼きに菜の花のおひたし、高野豆腐とグリンピースの卵とじ、キャベツと油揚げの味噌汁だった。炊きたてのごはんの香りに、進藤のおなかがぐうと鳴った。

「受験も身体が資本。創業者がそうした生活面のサポートも必要だからって、この校舎を建てるときの条件だったらしい」関目が使い終えたトレイを消毒しながら言う。

「なんだかアットホームな雰囲気ですね」進藤がそう言うと、関目から意外な答えが返ってきた。

「まぁ……、今はね」

進藤が理由を聞こうとすると、関目は誰かを見つけたのか、食事を終えて食堂を出ようとしている男子生徒のほうへずんずんと進んでいった。

「南野くん、おはようございます」

関目がかしこまった声でその生徒に挨拶をすると、まだ口の中に食べ物をほおばったまま参考書を片手にした生徒が顔を上げた。

「あ……」生徒は挨拶を返すでもなく、参考書に視線を戻した。

かまわず、関目が言葉を続ける。

「こちらは今年から新しく入った英語科の進藤先生」

「あ、進藤です。よろしく。移動中も勉強？　偉いなぁ」

進藤が声を掛けると「どうも……」と、南野はほんの数ミリだけ頭を下げた。

癖のない前髪を丁寧に整えており、眼鏡は地味な細縁。優等生、というのが進藤の受けた印象だった。

先日の相談の続きと言って、関目は南野を応接室に入らせた。アクリル板を向かいにして生徒の相談事を聞いたり、説教をしたりすることもある場所だ。進藤は関目の隣に腰を下ろした。

「入会面接のときには、春期講習のカリキュラムに疑問があるようだったけど、２日ほど授業を受けてみての感想を聞かせてもらえるかな？」

関目に問い掛けられた南野はテーブルの上に目を伏せた。

「あの、やっぱり別の予備校に行こうかと思ってるんです」

始まったばかりの退会希望に進藤は驚いたが、関目の表情に変化はなかった。

「それはかまいませんが、理由を教えてもらえますか？」

「だって、ここのテキストって中学1年生の教科書みたいじゃないですか。今さらそんなことやって、合格できると思えないんです」

関目はうなずいた。「そう思うのはよく分かります。実はほとんど毎年、生徒から同じような声が上がってきますから」

「毎年？」南野が眉間にしわを寄せた。

「そう。毎年、『これで大丈夫？』と心配する生徒がいますが、彼らがどうなったと思います？」

「どうなったんですか？」

「残念ながら全員ではありませんが、高い確率で医学部合格という夢を叶えてメビオを卒業していきました」

苛立たしげにため息をつくと、南野はアクリル板越しに関目をにらんだ。

「それが信じられたらいいんですけどね」

「私もそう願ってます。とりあえず、春期講習を最後まで受けて、実力テストの結果も踏まえて判断してみたらどうでしょう？　ほかの予備校に移るのは、それからでも遅くないと思いますよ」

納得したのかしていないのか、進藤の目には定かではなかったが、関目は泰然として応接室から南野を送り出した。

「さっきの生徒、なんだったんですか?」地下の講師室に戻ってから進藤が尋ねると、「彼は南野拓巳くん」関目は何食わぬ顔で、テストの作成をしながら答えた。

「九州出身で地元では割と有名な病院の一人息子。入寮したのはつい1週間ほど前だったかな。進藤先生の春期担当クラスの生徒ですよ」

担当生徒の顔と名前を把握していないことを見透かされて恥ずかしく思いながらも、進藤は話を進めた。

「いきなり別の予備校に、というのは穏やかじゃありませんね」

「メビオではどんな学科でもまず基礎の基礎から始めるんだ。それこそ、数学や英語なんかだと中学レベルくらいかな。でも南野くんは、それだと簡単過ぎるから意味がないって、不安に思ってるんだな」

「中学レベル」から鍛え直すことの大切さは事前の英語科講師ミーティングで先輩講師から口酸っぱく言われていたとはいえ、実際に生徒の不満に直面してみると、自分ならこのテキストを使ってどうやって生徒のやる気を引き出すことができるのか不安を感じ始めていた。

「基礎からやるのは学力が低いクラスだから、ですか?」

「いや、全クラス同じところから始まるよ。医学部受験は基礎がいちばん大切だからね」

「そのやり方に納得できないから、ほかの予備校に移りたい、というわけですね」

「まあ、そうなんだけど……」

関目が答えかけたとき、1階にいたASの清川が足早にやってきた。

「あの、関目先生、市山さんのお母さんから連絡があって、娘さんがモーニングコールに出ないそうです」

「さっそくですか」

「はい。朝が苦手だから、毎朝電話で起こすことになってるらしいんですけど『この様子だと二度寝してるに決まってるから、なんとかしてほしい』ということでした」

「寮母さんには連絡したんですか?」

「はい。ドアの外から声を掛けたり、インターホンを鳴らしたりしてもらったんですけど、応答がないみたいです」

「そう……、分かりました」

そう言うと関目はフウッとため息をついた。

「仕方がない、行くか」

メビオの寮は校舎の裏側にある。校舎の玄関から寮の玄関まで、徒歩2分も掛からない。通学がこれ以上楽な環境はほとんどないが、それでも遅刻する生徒はいる。

「保護者面談の際にお母さんから聞いたので驚きはしないけど、春期講習3日目からとはね」

「あの、どんな子なんです？」進藤が尋ねた。

「3浪生だが、浪人1年目に通っていた大手予備校、2年目に通っていた医学部受験予備校では難しいことばかりやらされることに嫌気が差して途中から通えなくなったらしい。本人のやる気ももともと高くはなかったようだけど」

ポケットからスマートフォンを取り出すと、関目は電話を掛け始めた。短いやり取りのあと「今から向かいます」と言って通話を終えた。

「どこへ行くんですか？」

「女子寮だよ」

「女子寮」という言葉に戸惑う進藤を無視して、関目は歩くスピードを速めた。

寮のエントランス前では、寮母さんが関目たちを待っていた。

「何度もインターホンを鳴らしたんですけど、反応がないんです」困ったように寮母さんが言う。

「市山は、4階の端の部屋でしたよね？」

「はい」

「案内してもらえますか」

寮母さんにオートロックを解除してもらったあと、2人は寮母さんとともにエレベーターで4

階に上がり403号室の前で足を止めると、まず寮母さんがインターホンで問い掛けた。

「市山さん？　大丈夫なの？　起きてる？」

まったく反応がないのを確認して、関目はドアを何度もノックした。「市山さん！　市山さん！」

大きな音と声が廊下に響いたが、それでも部屋の中からは反応がない。少し考えたあと、関目は寮母さんのほうを振り返って「カギを開けてください」とお願いした。

「どうするんですか？」寮母さんが尋ねた。

「とりあえず、無事を確認して、寝ているだけだったら起こして私が来ていることを伝えてください」

うなずいて、寮母さんが部屋に入っていった。

「市山さん、市山さん、大丈夫？　具合は悪くない？」

「うーーん」

「朝ですよ。電話も出ないし、インターホンを鳴らしても反応がないし心配しましたよ。さあ起きて。具合は大丈夫？」

部屋の中からは、寮母さんとのやり取りが聞こえてくる。

どうやら市山はただ寝ていただけのようだ。

寝ぼけた市山と寮母さんのやり取りは続いている。

「まるでお母さんみたいですね」進藤は思わず呟いた。

「それはそうさ。寮母さんは毎年何人もの寮生の世話役として、メビオでの寮生活を支えているからね。生活面で困ったとき、体調の悪いときなど住み込みで対応しているんだよ。まさにメビオのお母さんという感じだ」

関目はにこやかに答えた。

そうこう話しているとドアが開き、隙間から市山が顔を出した。

「今日はお休みします。……体調が悪いので休ませてください」

「分かりました。それじゃあ、すぐに病院に行きましょう」

「寝てたら治ると思う〜」

「今すぐ起きて病院に行くか、メビオに行くかです。そうでないと、お母さんに電話します。不本意ですが、私から電話が入ったら、お小遣いが半分になるんですよね」

驚いた顔の進藤に関目が説明する。「担任が決まった時点でご両親に連絡を取って、取り決めをしたんです」

「それはダメ！」市山がわめいた。フワフワにカールさせた髪がもつれて爆発したようになっている。「ダメダメ！　絶対ダメ〜」

「良かった、元気そうじゃないですか。受験生活は始まったばかり、さあ授業に行きましょう。8分以内に授業の用意を調えて出て来てください」

「分かったけど、先生は待っていなくていいよ〜。ちゃんと準備していくし〜〜」

「いやここで待ちますよ。さあ」

関目は時計に目をやって時間をアピールすると、市山はしぶしぶ部屋に戻った。

部屋からはドタバタと音が聞こえてくる。

「わざわざ寮で待たなくてもいいのでは？」進藤は尋ねた。

「こういうときはドアの前で出てくるのを待っていないと、生徒は二度寝してしまうんだ」慣れた表情で関目が答えた。

「これも講師の仕事なんですか？」

「メビオでは生徒を合格させるのに必要な活動のすべてが講師の仕事だよ」

（もしや俺は、これから毎朝、こんなことをやるのか……）

進藤がため息をつくと、関目が笑った。「心配しなくても、改善していくよ。そうでないと、合格できないので」

不審げに関目を見る進藤の顔を見て、再び関目が笑う。

「用意できました」

ドアが開き、寮母さんに背中を押されて、市山が出てきた。

髪は逆立ち、ひどい仏頂面だが、ジャケットを着て肩にはショルダーバッグ。大きなマスクをしているのはコロナ予防に加え、化粧をしていないのを隠すためだ。

「7分43秒」腕時計をチラッと見やって、関目が言った。

「よくできました。これでまた合格に一歩近づきましたね」

ふくれっ面をしていた市山は、少し照れたような顔をしてプイと横を向いたが、講師がもう1人いることに気づいて、進藤のほうを見た。

「彼は進藤先生、僕と一緒に君たちを合格させるためにメビオに来てくれたんですよ」

進藤のほうをにっこりしながら見る関目。

「あ、そう。私、テストで2桁取ったことないけど……よろしくね」

市山もつられて進藤ににっこりとほほえむ。

「あ〜ダイジョウブ、絶対合格しような」

ぎこちない笑顔で進藤もほほえむと、寮母さんが思わず隣で噴き出していた。

「約束だよ、先生」そう言って進藤を指差すと、エレベーターのほうに向かう市山。

このあとすぐ、進藤は自分が軽い気持ちで答えた「絶対合格」が、どれほど難しいことなのかを知ることとなるのだった。

メビオに実在した医学部合格者のエピソード①

特性を最大限に活かす指導

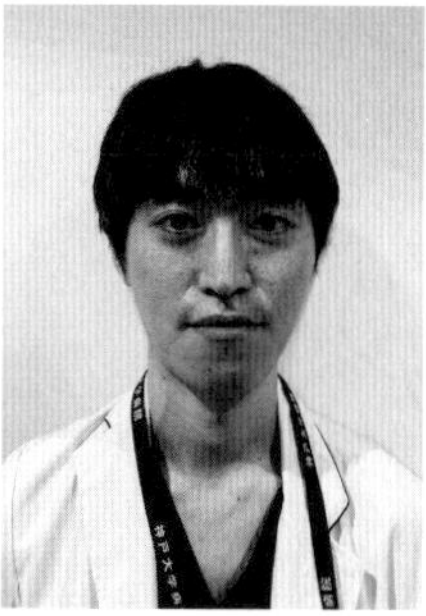

現役時は私立上位校のみの受験、浪人するに当たって、家庭では「国公立しか受けない」と公言するなど、入会前の情報から「いったいどんなプライドの高い生徒がやって来るのか」と講師たちも思っていました。ところがその井上くんが入会して実際に授業をしてみると、皆一様に抱いた印象は「物静かで素直な生徒」というものでした。淡々と謙虚に授業に取り組む様子は、むしろ何事にも強い意見のないタイプにも見えました。しかし今だから分かることですが、これら2つの描写は矛盾するように見えて、やはりどちらも紛れもなく井上くんの姿でした。

入会当初の各講師の井上くんに対する評価はなかなか厳しいものでした。比較的得意としていた数学でも、「スピード感や数学的な冴えには欠ける」、「経験値の乏しさからくる初動の遅さがネック」でした。得意の化学でも、「考えて対処すべき問題でも暗記に頼り過ぎる」傾向がありました。英語でもやはり「遅さ」が指摘されました。井上くんはそうした問題点をおそらく自覚していたのでしょう。毎回の授業をしっかりと聴いて理解し復習することで、着実に力をつけていきました。その復習の精度の高さは全科目に共通していました。文法を担当した上田をして「ただのビッグ・マウスではない」と言わしめる迫力でした。「授業中の目は真剣そのもの」。「初見ではさほど強くないものの、教えたことの吸収がよく、復習テストをしてみると理解力の高さがうかがえる」。さらに数学担当の高橋は、井上くんの「考え続けるのが苦にならない」という適性に注目し、ほかの受験生が嫌うような論証タイプの問題への対応力を引き上げていきました。夏の実力テストでは数学で一番を取るまでに成長しました。最大の課題は国語でした。高校時代から苦手としていた現代文で得点力をつけるために、国語担当の和田は井上くんのもつ高い論理性を活かした指導を行いました。このやり方が、読書量の少なかった井上くんにもあまり苦手意識を感じさせず、功を奏しました。点数こそすぐには上がりませんでしたが、井上くん自身が「できるようになってきた」という実感をもてたのです。

順調に実力をつけていった井上くんでしたが、最後に彼を奮起させたのは愛媛大推薦入試と私立医大での失敗でした。一次合格を果たしたものの、二次でアウト。日頃あまり感情を顔に出さない井上くんもこのときばかりは悔しさを隠しきれない様子でした。二度と失敗するものかという思いがそのあとの快進撃につながったのだと思います。国公立の出願に関して、井上くんの思わぬこだわりと現実的な合格の可能性を巡って葛藤が生じました。大の阪神ファンである井上くんにとって球場の有無が大きなポイントでした。神戸大、岡山大、広島大などが井上くんから提案されましたが、センターの国語は「かろうじて踏みとどまった」という点数でしたので、配点の傾斜からいって不利な面がありました。迷った末に、最後は数学の適性を踏まえて高橋が放った、「絶対勝てる」という一言に押されて札幌医大への出願を決めました。結果は見事合格。大阪医大も特待で合格し、どちらに進むかでもうひと悩みしましたが、結局札幌医大への進学を決めました。淡々と勉強しているようにも見えましたが、やはり心のなかに秘めていた国公立への強い思いとプライドがあったからこそ、この栄冠を勝ち取ることができたのでしょう。合格を決めた井上くんに、パ・リーグ某球団のファンである上田から一言、「これからはパ・リーグにも興味をもってくれるといいですね」

（２０１４年　札幌医科大学進学）

第1章　春——始動

3月24日　進藤の初授業

9時半、Aの授業が始まる（メビオでは1コマ目をA、2コマ目をB、3コマ目をCと呼んでいる）。進藤は、少し緊張した面持ちで階段を上っていた。この日、初めての授業を担当することとなったからだ。

「まずは3時間半の授業のペースを身体で覚えるといいよ」というのが、先輩である関目のアドバイスだった。

メビオでは1コマが100分の授業、10分の休憩、100分の授業という計3時間半で構成されている。一般的な予備校では1コマ90分、あるいは50分や60分というところがほとんどなので、生徒はまずその授業の長さに圧倒されることが多い。そのため、講師には生徒が授業に飽きないよう工夫が求められる。

（一応、平川先生に授業の進め方のレクチャーを受けたけど、あとはクラスの雰囲気を見ながらだな……）

進藤はカメラの前で、大きく深呼吸をした。

コロナ感染を予防するための臨時措置として、授業はオンラインで行われることになっていた。生徒たちは各クラスでソーシャルディスタンスを取った状態で着席。講師は教室でカメラとパソコンを前に授業を行うのだ。

進藤にとっては初めて経験する授業方法だったが、事前に何度か練習を重ねたので、モニター越しに生徒の反応を確認しながら教えるやり方はマスターできている。

「おはようございます」

カメラの前で頭を下げると、すかさず「おはざーす」と体育会系独特の元気な挨拶が返ってきた。モニターの中で、男子生徒が1人頭を下げていた。

（あれが水島だな）

短髪でガッチリした体型の水島友昭は、大阪で不動産業を営む父と専業主婦の母がいる一般家庭からの受験生で、医学部挑戦3年目の27歳。年齢はクラスで最も高いが、成績は最下位である。小さい頃から柔道を習っていて、一時はオリンピック強化選手に選ばれるほどの実力の持ち主だったが、最後のインターハイで靱帯を損傷、選手生命を絶たれてしまった。

その後、大学に進学。本人は柔道整復師になって選手をサポートしていきたいと思っていたが、どうせならという父親の強いすすめで、通っていた大学を中退して本気で医師を目指すことになった。猶予は3年。この年がラストイヤーである。

「えーと……」

進藤がホワイトボードの前に立ち、モニターの中に並ぶ生徒たちの顔を確認した。教室に置かれた4つの長机には、それぞれに2人が座れるようになっていたが、コロナ感染予防で今は1人ずつ着席するようにしてあった。

先ほど元気に挨拶をしてくれた水島はいちばん前の席に、その隣の机には大人しそうな女子生徒が座っている。

(この子が仙田志帆。いちばん奥に座っているのが、南野拓巳だな)

3人の顔と名前を確認しながら、進藤は1人足りないことに気づいた。

「市山さんは?」

進藤が問い掛けると、水島が答えた。

「たぶん遅刻だと思います。なんか、朝弱いみたいで」

進藤が先日の出来事を思い出して苦笑すると、奥から南野が強めの声で呼び掛けてきた。

「先生、時間がもったいないので授業を始めてください」

少しムッとした表情の南野にうなずいてみせると、進藤は胸の前でパチンと両手を合わせた。

「じゃあ、市山さんがいないことはASもチェックしてくれているはずだから、みんなは授業を始めようか」


進藤はホワイトボードに向き合うと“He likes Sylvester Stallone.”と書いた。

たった4語の英文を見て、3人はキツネにつままれたような顔をしている。

「はい、この文章を読める人?」

水島が手を上げて答える。

「ヒー　ライクス　シルベスター・スタローン、です」

「じゃあ、ついでに訳してもらおうか」

「彼はスタローンが好きだ」

「正解、そのとおり」

進藤が褒めると、水島は笑いながら言った。

「いや、先生。さすがにこれは分かる」

「ははは、そっか。じゃあこれは？」

そう言うと、進藤はその下に"He looks young."と書いて水島のほうを向いた。

「……。彼は若く見える？」

「正解」

「おぉ、ドキッとしたー」水島は胸をなでおろした。

「そうだね。では、この英文の主語はなんでしょうか。じゃあ、仙田さん」

仙田志帆は細い首をかしげてから、小さな声で何事か答えた。モニターの音声を絞ってあるせいか、聞き取れない。

「もう少し大きな声で答えられるかな？」

進藤が言うと、仙田は戸惑った。

「え？　え？　間違えてますか？」顔がみるみる赤くなっていく。

「あ、いや、合ってるけど、みんなにも聞こえるように答えてほしかったんだよ」

そう言うと、進藤はホワイトボードに書かれた「He」という単語に赤のマーカーで下線を引いて「S」と書き込んだ。「そのとおり。じゃあ動詞は？　えーと、南野くん」

「looks」そっけなく南野は答えた。

「ちなみにyoungは形容詞だから補語」と続けた。

「はい、正解。これを第2文型といいます。lookという動詞はlook at～という使い方がよく知られているけど、この場合のlookは第1文型です」そう言って進藤がホワイトボードに向き直ると、教室の隅で南野がボソッと呟いた。

「こんなの、マジで中学生レベルじゃないか……」


春、メビオでは、すべての科目が基礎の基礎から始まる。学力に関係なく、どのクラスも同じテキストを使い、同じ内容からスタートするのだ。英語でいえば5文型、S（主語）、V（述語動詞）、O（目的語）、C（補語）の関係を徹底的に頭に叩き込んでいくのである。

医学部の入試では、専門的な医学用語の入った長文問題が出題されることがあるが、どんなに難しい単語が読めたとしても、「なにについて書かれているのか」が理解できなければ、当然点数にはつながらない。そのため、英文を見た瞬間に構造は把握できるように、3月から8月までは和文英訳と連動させた文法学習、構造理解を試す英文和訳演習など、基本的な学習を繰り返し行っていく。

「あの、先生、こんなことをやっていて大丈夫なんですか？」とがった口調で南野が言った。

「大丈夫とは？」

「こんな簡単なことは試験に出ません。もっと、点数につながる授業をしてください」

進藤はうなずくと、ホワイトボードに短めの英文をサラサラと書いた。

「それでは、南野くんには特別にこの英文を和訳してもらおうか」

"He looks much like Stallone."

南野は答えに詰まった。

「どれもさっきまで確認した英文に含まれていた単語だし、少し長くなっただけの英文だ。それなのに、なぜ、訳せないのか分かるかな？」

「looks と like……動詞が2つもあるなんて意味不明だから……」

「確かに、どちらも動詞に見えるけど、実はそれ以外の品詞として使われることもあるんだ。ただ、君の言うようにどちらも動詞であるはずはない、と気づけることは大切なんだ。それが文型に従って構造を把握するという作業のまさに第一歩だからね」

進藤はホワイトボードに正解を書いた。


「彼はめちゃめちゃスタローンに似ている」


水島に視線が集まり、一同大爆笑である。

振り返って進藤が畳み掛ける。

「"He looks young." を苦もなく読み解けたのに、ちょっと副詞の much が入り込むだけでいつもどおり読み解くことができなくなる、なんてことはよくあるんだ。こんな簡単な英文でも、受験に求められる考え方は学習できるんだ。そしてもう1つ、同じ単語でも品詞は1つじゃない。この点もしっかり頭に入れておくこと。いつか同じことを過去問演習で体験することになると思うよ」

「文型の勉強って中学英語の基礎事項ですよね」仙田が言った。

「そうだけど、英語の成績が伸び悩んでいる生徒のなかには、ここの理解が甘いケースが少なくない」進藤は関目に言われた言葉を思い出して、付け加えた。

「半年経てば、今やっていることの効果が必ず分かる。今日は難しくて読みこなせなかった英文が、秋には理解できているはずだ」

進藤の言葉には答えず、プイと窓のほうを向く南野。

そのとき突然、モニターの一角に人影が入り込んできた。

「……おはようございます」

まぶたが重そうに腫れ、茶髪が逆立ったその女子は市山だった。

後ろにはまるで看守のような姿勢で関目が立っている。

「あ、市山さん、髪の色を変えたね。かわいい」水島は遅れてきた市山が場に溶け込めるように言葉を掛けた。

「分かる？　昨日、美容院に行ってきたんだぁ」うれしそうに答える市山。

悪ノリをしてポーズを取る市山を、進藤がすかさず注意する。

「市山さん、早くテキストを広げようか。それから、今までのところを教えるから、あとで地下に来るんだよ」

「はぁい」少し膨れると、水島の後ろの席にドサッとバッグを下ろした。しばらくガサガサとバッグをあさっていたが、諦めたのか悲しそうな顔でカメラを見つめた。

「先生、ごめん。テキスト忘れたっぽい……」

思わず進藤は天を仰いだ――。


授業を終え、進藤が地下１階にある講師室に戻ると、すでに何人かの講師が生徒からの質問に答えていた。そのなかには関目の姿もある。

メビオには40人以上の常勤講師がおり、毎日30人ほどが常に校舎内で生徒の対応をしている。複数の予備校を掛け持ちしている非常勤講師が主体の予備校では、講師は自分の授業が終わればすぐに別の予備校に向かってしまうため、授業中に分からないことや疑問が生じても、直接講師に質問できるのは次の授業となることが少なくない。あるいは学生チューターが対応しているところも見られるが、説明の仕方が講師と違うことで、かえって混乱する生徒もいる。

大手予備校にいたときには「授業時間＝滞在時間」だった進藤にとって、ここまで丁寧な対応をしてもらえる生徒がずいぶん贅沢に思えた。

（前の予備校の生徒も、ほんとはもっといろいろ俺に聞きたかったのかな……）

少し後ろめたい気持ちで席に座ると、「お疲れさま」と関目が質問にきていた生徒の頭越しに進藤へ声を掛けた。

「お疲れさまです。あ、市山さんの件はありがとうございました。保護者への連絡は？」

「遅刻を確認した時点でＡＳが済ませているよ。授業後に担任の僕からも、遅れて参加したことは伝えておいた」

メビオの講師は授業以外でも生徒や保護者と密に関わる。無断欠席や遅刻があった場合はすぐに保護者へ連絡を取るし、ほかの講師の授業での様子などはすべて共有される。また、保護者からの相談も担任が直接受けることになっている。

新任の進藤は、これまでほとんど保護者対応などしたことがなかったので、当面は関目にいろいろとサポートしてもらうことになっていた。

「先生、ありがとうございました」

関目に質問をしていた生徒が丁寧に礼を告げて席を立つと、関目は椅子をクルリと回転させて進藤のほうへ身体を向けた。

「さっきの授業、なかなか良かったよ」

「見てたんですか？」

市山を送り届けたあと廊下から見ていた、と関目は言った。

「しかし、みんななかなか手強いですね。水島の学力は中学生止まりだし、南野は反抗的だし、市山は……」

「そりゃそうだよ。なにせ、問題児が集まったクラスなんだから」そう言うと、関目は楽しそうに笑った。「ちなみに、水島は自分のクラスをタートルズと名付けたようだよ」

「カメですか」

「そう。最後はウサギたちをごぼう抜きするつもりらしい」

4月1日　関数ってなんだ？

この日は授業がAだけだったので、進藤はBの時間帯を見学に充てることにした。ちょうど担

図表1　関数の問題

次の主張は正しいか、誤りか、誤っている場合は誤りを正せ。
「関数 $x^2+y^2=1$ のグラフは原点を中心とする半径 1 の円である。」

当しているクラスの数学の授業が行われていた。数学科の小山内に頼むと、快く承諾してくれたので、教室のいちばん後ろに立って、生徒たちと一緒に数学の授業を受けてみることにしたのだ。

窓が開いていることもあり、教室はかなり肌寒かった。

数学の基本は関数から始まる。日頃、何気なく使っている「関数」という言葉だが、実は正しく理解していない生徒が少なくない。そのため、こちらも英語と同様、中学・高校初歩レベルの内容からスタートする。

「はい！　それじゃあ、まずは、皆さんこの問題を解いてみてください」

モニター越しにそう言われた4人は、すぐに問題を解き始めた。

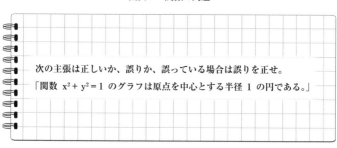

仙田はコンパスと定規を使って丁寧にグラフを描いていた。南野もスラスラとなにかを書いていたが、書き終えるとすぐに市販のテキストを膝の上に広げて内職を始めた。

（あいつ……）

進藤が注意しようとすると、モニターの中の小山内が小さく首を振った。

市山はテキストを見つめてフリーズしている。

「はい、では、誰かに答えてもらいましょう」小山内が最初に指名したのは南野だった。

「この文のどこが間違っていますか？　あるいはこの文は合っていますか？」

「グラフ、というところがおかしいと思います。これは円であって、グラフじゃない……ですかね？」

小山内がニヤリと笑った。「グラフかどうか。なるほど、いきなり厳密なところに注目しましたね」

小山内の微妙なリアクションに、南野は引きつった笑いを浮かべた。

「では、水島くんはどうでしょう？」

指名された水島が答えた。「合ってると思います。グラフを描いたら円になりました」

「取り組み方が真面目ですばらしい。そうだね。君が描いたとおりのグラフができるよね。でも1カ所、この文にはとんでもない間違いがある。この間違いを頭の中に残したままだと、数Ⅰから数Ⅲに至るまでずっと苦しむことになる。入試に直結する、大事な間違いだ。さて、どこでしょう、仙田さん？」

「えーと、あの、関数というのが……」

仙田の声は例によって小さかったが、小山内は意に介さず、パチンと手を叩いた。

「正解！　じゃあ、関数だというのがなぜ間違いなのか見てみましょう。ページをめくってください」

講師の勢いに巻き込まれて、生徒が一斉にテキストをめくる。内職をしていた南野までが数学のテキストを開き直すのを見て、進藤は小さくうなった。

関数という文字を改めて大書きすると、小山内はホワイトボードを叩いた。

「関数の定義は簡単です。xの値が1つ決まったら、yの値もただ1つ決まるのが関数。これをyがxの関数であるといいます。では、次のような例では、yはxの関数といえるでしょうか？

日本人男性の身長xと、体重y……どうかな、水島くん？」

「背が高い人はだいたい体重が重いですよね。それぞれが関係しているから、関数だと思います」

「いい答えですね」小山内は言った。「でも、間違いです。実際には同じ身長でも、いろんな体重の人がいます。xが1つ決まっても、yが1つ決まるわけではないので、関数とはいえないんです。では、彼氏彼女はどうでしょう？　彼氏xが決まると、彼女yは1人に決まりますか？」

「そうとはいえないと思います」市山が即答した。

「そのとおり！　皆さんちょっとニヤニヤしてるので、分かっていると思いますが、これもやはり関数とはいえません。では結婚ならどうですか？」

頭をひねる市山。

（グラフの暗記は前の予備校でもやってたけど、まさか関数を夫婦に例えるとはね）

進藤は苦笑した。しかし、いつもは注意力散漫の市山が小山内の話にしっかりと向き合っている姿に、小さな感動を覚えた。

「夫xが決まれば、妻yも1人に決まるので、関数といえると思います」水島が答える。

「なるほど、では、逆はどうですか？　妻が決まれば、それに対応する夫が決まるなら、yはxの関数であるし同時にxはyの関数でもある、といえますね」

「でも、奥さんがたくさんいる国もあるじゃないですか？」市山が言った。

「いいつっこみです、市山さん。イスラム圏などには一夫多妻の国がありますし、チベットやネパールには一妻多夫の地域があります。日本でも、少し前の時代まで夫と妻は関数じゃありませんでした。例えば平安時代、一条天皇には……」

水島がポカンとした顔で小山内を見つめる。小山内は視線に気づくとコホンと咳払いをし、何事もなかったように続けた。

「これを君たちのよく知っている『関数』で確認してみましょう。例えば、中3で習う二次関数はこんな放物線というグラフを描きます」

そう言うと、小山内はホワイトボードに$y=x^2$のグラフを描いた。

「$x=1$のとき、$y=1$ですね。yの値は1つしかないので、これは関数といえます。では今度は、x軸とy軸が逆になってる絵を描いてみましょう。右に開いたこんな絵になりますね。この場合はyはxの関数といえますか？　$x=1$に対して、yはいくらになりますか？　では、市山さん」

「ん？」

市山がにっこりしてごまかすと、小山内はグラフ上に点線を引いて、ｙ軸上に1という数字を書き込んだ。

「えーと、1？」

「1つだけかな？」小山内はさらに点線を描き足し、ｙ軸上にもう1つ数字を書いた。

「あれ、マイナス1も？」

「そう、2つの値が表れます。図で見るとよく分かりますね。見ただけで直感的に分かるので、とにかく図を描こう、絵を描こうと、メビオではずっと言っていきます。春期の数学では、とにかくいろんな関数をさっとグラフで描けるようになってもらいます」

「おお！　今日はとりあえず、1個描けるようになったわけだ」

水島が野太い声でうなると、南野や仙田、市山の表情がほころんだ。

4月10日　タートルズの運命

春期講習が終わると「第1回実力テスト」が行われる。

構成としては半分が春期講習で学んだ内容、もう半分は応用力を試す内容となっている。結果は今後の指導の参考にしたりクラス編成の基準にしたりする。4月に行われる第1回では英語と数学のみである。

※2教科とも200点満点
メビオの平均点　英語126・34点　数学110・09点　合計236・43点

南野　英語68点　数学78点　合計146点
　　　校内総合偏差値　35・0
仙田　英語75点　数学52点　合計127点
　　　校内総合偏差値　32・3
市山　英語66点　数学50点　合計116点
　　　校内総合偏差値　29・6
水島　英語62点　数学30点　合計92点
　　　校内総合偏差値　27・2

4人の結果を見て、進藤は深いため息をついた。25あるクラスのなかでいちばん点数が悪かったのだ。4人は入会時の学力診断テストでも点数が低く、さらに学習面以外にも問題を抱えた生徒が多いという理由で、ベテランの関目を中心に強力な布陣でクラス運営に当たることが、実力テスト当日に行われる主任講師ミーティングで決まっていた。進藤もその一員なのだが、多分に不安を抱えていた。

「どうした？」関目が声を掛けた。

「いや、どうしたもこうしたも……。さすがに自信をなくしますよね。南野と仙田はまだ救いがあるものの、水島と市山はこれからどうしていったらいいのか」

実は進藤は春期講習の様子を見て、わずかながらも学力アップを期待していた。

うなだれる進藤に関目が言う。

「大切なのは、点数だけを見ないこと。どこが分かっていないのか、なぜ点数につながらないのかは、テストの解答や普段の様子からも読み取れるはずだよ」

そう言われて、進藤はそれぞれの生徒について考えた。

（まずは南野……）

南野は決して「勉強ができない」生徒ではなかった。しかし、ずっと進学校にいたためか、若干プライドが高いところが見られる。自分なりの解き方にこだわりがあるのか、数学では春期講習で教えた解き方ではない方法で解答を導いていた。

（仙田も、復習テストは悪くなかったのに……）

福井県から来た仙田志帆は今年で2浪目。開業医の娘で5つ上に医師の兄がいる。本当は兄が家業を継ぐ予定だったが、ボランティア活動の経験から国境なき医師団への参加を志望。一昨年から活動を始めたため、仙田が実家を継ぐことになってしまった。

大人しく真面目な性格で、授業でもノートはびっしり書くし、朝晩も自習室にいることが多い。真面目ゆえか失敗を恐れる傾向があり、分からない問題が出ると冷静さを欠いてしまう。

（今回は後半が点につながっていなかった。応用問題が苦手な感じだな）

難しい顔でパソコンの授業報告書を見つめる進藤。その後ろから英語の平川がのぞきこむ。

「市山さん、点数はアレだけど、センスはあるよ」

そう言われて進藤が平川の授業報告書を見ると「知らない単語は多いが、和訳にはセンスを感じる」とあった。

メビオでは、担任ではなくても各生徒の授業報告書を提出する決まりになっている。１２０名以上の講師が記入するためデータは莫大な量になるが、複数の視点から評価することで、生徒の傾向や弱点などが見つけやすい。担任制ではあるが、全クラスの教材やカリキュラムも講師間で共有されているため、担任ではなくても生徒の学習状態はある程度把握していた。

「水島も意欲がないわけじゃないだろう」関目が言った。

「市山とか水島とか、これまで勉強をしてこなかった生徒のほうが意外と伸びしろがあるんだよね。その点、僕がいちばん心配なのは……南野くんかな」

「なんでですか？」

「分かっているように見えて、たまにあれっ？と思うようなミスをしているという報告が上がっている。まだなにが原因かは分からないけど、ここがクリアできないと難しいような気がするな」

関目のこうした勘が当たることを、進藤は知っていた。

（入試まであと9カ月くらいしかないのに、大丈夫かな……）

4月12日　保護者面談

メビオでは1年の間に4回の保護者面談を行う。1回目が行われるのは4月の上旬だ。直前に行われた実力テストの結果や、3月中旬から実施してきた春期講習での様子を踏まえて、生徒それぞれが抱えている問題点や、1年間の指導方針を保護者に伝える。

当日はクラス担任だけでなく、各教科を担当する講師が同席して、教科ごとの現状分析や学力を伸ばすために必要な事柄、それをどのように教えていくのかを説明する。

さらに、寮で暮らす生徒については生活面を心配する保護者も多いので、彼らの心配を払拭できるよう情報を伝え、保護者側からの要望があれば聴き取る。

生徒本人の参加は自由だ。

ただし、2020年はコロナ感染を予防するため、対面での保護者面談は中止された。代わって行われたのはウェブ会議ZOOMでの面談だった。

仙田志帆の場合は母親が強く希望したので、本人が参加することになった。

「実力テストの結果には、今、ご報告したとおりいろいろな問題が表れています。志帆さんはケアレスミスが多いですが、これから真の学力を身につけて自信をもてるようになれば、もっと落ちついて問題に取り組めると思います」

関目は淡々と、しかし要点を押さえて仙田の母に説明していた。

「授業には非常に真面目に取り組んでいますし、授業の理解度を確認するための復習テストでは、毎回好成績を収めています。学力を定着させるうえで非常に重要な復習をしっかりこなしているからだと思われます。課題が多いので、まだ成績的には伸び悩んでいるように見えますが、一つひとつ改善することで、合格の可能性を引き上げていけるはずです」

各講師からの報告を関目が総括すると、仙田の母親がうなずいた。「そうですか。ホッとしました。今年こそ合格できると私も信じてます」

母親の声に仙田も顔をほころばせた。

4月23日　少人数クラス制

4月中旬からの前期の授業が始まったばかりの頃、南野は化学の復習テストを白紙で提出した。授業の終わりに少し生徒に話を聞くと関目が言うので、進藤も同席することになった。

「タートルズ」と水島が名付けたクラスは、出会いから1カ月あまりが過ぎて、少しずつ関係性が見え始めた。

クラスの雰囲気をつくるのはいちばん年長の水島だった。大学で柔道部の主将を務めていたこともあり面倒見が良かった。南野との間にはまだ少し壁が感じられるが、市山や仙田とは授業が始まる前などに談笑をしている姿が見えた。授業中も「オレ、脳が筋肉でできてるからなぁ」など自虐ネタで場を和ませる場面もあり、その明るさに進藤は何度も助けられていた。

進藤にとって意外だったのは、市山と仙田だった。市山は相変わらず遅刻や忘れ物の常習犯で、忘れ物をしたときにはよく仙田が筆記用具を貸したり、遅刻で抜けた分のノートを見せたりしてくれた。市山を南野の隣に座らせると邪魔者扱いするし、水島の隣だと私語が増えるしで、結果的にそうなったのだが、そのうち仙田が市山にモーニングコールを掛けたり、帰り際に明日の宿題を念押ししたりと世話を焼くようになったのだ。

市山も仙田のおかげで遅刻がずいぶんと減ったので、仙田への信頼感が生まれ、なにかと一緒に行動するようになっていった。

(それで、南野だな……)

「今回のクラス分けに不満や不安を感じている人がいるようですね」

授業終わりに関目が切りだすと、南野が声を上げた。

「はい。僕、そこまで実力テストの結果は悪くなかったと思うんですが、いつまでこんなメンバーと一緒にさせるんですか？　もっと上のクラスに行かせてほしいんですけど」

関目にとって、ある程度想像のできる物言いだった。

「誤解があるようですが、成績だけでクラス分けをするわけではありません。あくまで、一人ひとりが合格する可能性が少しでも上がるように、さまざまな要素を加味して行われます」

関目の言葉を聞いて、仙田が恐る恐る尋ねた。

「春期講習のテキストが簡単だったのは、いちばん下のクラスだからでしょうか……」

「違います」関目がきっぱりと言った。「テキストはクラスにかかわらず全員同じです。メビオでは基本的な学力を身につけて、土台を固めることを重視しているからです」

「でも、僕には基礎は必要ありません。先に進まないと合格できません」

南野もきっぱりと言い放った。

「なんか気分悪いなぁ」市山がムッとした表情で南野のほうを振り向く。「私たちと一緒なのが、そんなに嫌？」

市山のまっすぐなまなざしに、一瞬南野がひるむ。

「気持ちは分かるけど、そんなふうに言うのはやめようよ」すかさず水島がとりなす。

「クラス替えはまだ、何回もあるんですよね？」再び南野が尋ねた。

「7月と9月、それに12月にもあります」関目が答えた。

あと2カ月だけの我慢だと思ったのか、南野が大きなため息をついて帰る準備を始めた。

「ただし、私はこのクラスのメンバーを変える予定はありません」

関目のその言葉を聞いて、南野の手が止まった。

「いろいろと検討した結果、君たちは最高のクラスメイトになると思っています。だから、僕は全員を医学部に合格させるつもりです」生徒4人の顔を順番に見つめながら、関目は語り掛けた。

「そんなにうまくいくわけないじゃないですか」呆れたように南野が言う。

「もし1人でも合格できなければ、私は講師を辞めます」

関目の言葉に、さすがに生徒たちはギョッとした表情で彼のほうを見た。

「マジ？」市山が尋ねた。

「マジ」関目がうなずいた。

「でも、なんで？」

「理由は極めて個人的なものなので、君たちに教えるつもりはありません」

5月20日　決断をするのは自分

この日、メビオでは激励会が開かれていた。

会場は校舎から徒歩10分ほどの距離にあるオフィスビルの大会議室である。全校生徒が一堂に会し、直近の医学部入試の動向を学んだり、講師から励ましの言葉を受けたりするのだ。2020年はソーシャルディスタンスに配慮して、席の間隔を十分に空けての開催となった。

メビオ代表の堤俊英は元医師で、実際に患者の治療に当たっていた経験をもつ。激励会では医師として働いていたときに出会った患者との交流を語った。

「彼はまだ10代の若さで白血病を発症した患者でした。骨髄性の白血病を治すためには骨髄移植が有効です。なかなかドナーが見つからない、という問題がありますが、彼の場合には幸いにもドナーが現れたため、移植手術を受けることになりました」

語られるエピソードの重さに、最初は少しザワついていた会場が静まりかえっていく。

「骨髄の移植をする前には、もともと本人がもっていた免疫細胞の働きを抑えるために、非常に副作用の強い化学療法を行います。この治療はとてもつらく、患者は猛烈な吐き気や嘔吐、口内炎などに苦しみます。あまりに苦しいので、もう治療をやめたい、と言い出す患者もいるほどです」

堤代表が担当した患者もすさまじい副作用に苦しみ、移植治療を諦めると言い出した。若き日の堤代表は彼に寄り添うことしかできなかったが、一緒に悩み、親身になってくれる医師に心打たれた患者は治療の再開を決意した。

「そのあとの治療もつらいものでしたが、彼は弱音を吐かずに乗り切り、寛解へと至りました」

医師という仕事に大きなやりがいを感じた堤代表だったが、その後、予備校を経営していた父親が病気になったのを機に、経営者に転身する。

数年後、そんな堤代表のもとに1通の手紙が届いた。

「その患者さんのお父さまからでした」

手紙には息子が亡くなった、と記されていた。白血病が寛解した元患者は自分を救ってくれた医師に憧れ、医学部受験を目指した。ところが、勉強に励むなかで白血病を再発し帰らぬ人となったのだ。

「結局、彼は医師にはなれませんでした。でも、医師を目指して勉強に取り組んだ受験生としての日々は人生で最も充実していた、と語っていたそうです」

感銘を受けたのか、生徒の列のなかにいた仙田が真剣なまなざしで堤を見つめる。

「健康な身体に恵まれて、医師というすばらしい仕事を目指せる君たち受験生は幸せです。さらに言えば、高額の学費が必要な私立大学の医学部を目指せるだけの経済力をもつ親のもとに生まれたこと、それなりに費用が掛かる医学部受験予備校に行かせてもらえること――メビオの受験生はさまざまな幸運に恵まれていることを今一度、意識してみてください」

代表の言葉に、会場がしんと静まりかえる。


代表のスピーチが終わると、講師からの生活指導のあと、メビオを卒業して医師になった方のメッセージが紹介される。

さらに生徒代表の宣誓が行われ、最後は生徒たち全員に自らが事前に書いた「決意表明文」が返却された。浪人生限定で、前年度に自分が合格できなかった理由を分析させ、書かせたものだ。

自らの課題を改めて見つめ直すことで、意識を高める効果がある。自分を戒めるため、自室に貼っている生徒もいる。

自身のために書くものだが、弱点を正しく理解できるよう、メビオではできるだけ詳しく正確に書き記すことを生徒に求める。なかには自分の力だけではまともに文章を仕上げられないこともあるので、その際は担任を筆頭に講師が作成のアドバイスを与えることになる。

関目と一緒に、進藤もタートルズ全員の「決意表明文」作成を手助けした。そのおかげで彼らが自分自身をどうとらえているのか、理解できた。

仙田は「決意表明文」のなかでひたすら自分の弱さを嘆き、弱点を大量に並べ立てた。メンタルが弱く、本番で力を発揮できないこと、すぐに体調を崩すこと等々。

「そんな自分をダメな人間だと決めつけるのが、彼女のいちばんの弱点だよ」関目はそう分析した。

水島の「決意表明文」は短かった。学力が足りない。積み上げる速度が遅い。ただし、2年かけて、ゆっくりとだが前には進んできた。3年目の今年が勝負の年だと思っている。親が医師ではない水島にとって、今年が親に甘えられる最後の年なのだ。

「学力アップのスピードを上げること。それが彼の課題だ」

「勉強が嫌い」と書いたのは市山だ。

彼らに比べると、南野拓巳の「決意表明文」は完成度が高かった。地力が足りないこと、冬に体調を崩してしまったこと、特殊な問題が多い医学部の入試に対応しきれていなかったことを挙げ、メビオへの期待で締めくくった文章は進藤の目から見てもほとんど完璧だった。

「でも、真意はどうかな」南野の決意表明文を見ながら関目は言った。「彼自身は自分の学力がそんなに足りないとは認識していないと思う」


激励会のあとは授業がないので、生徒たちはバラバラと分かれて、寮や自宅へと戻っていく。そんななか、進藤が見ていると、南野は近くに座っていた生徒たちに声を掛けられ会議室を出ていった。

「南野はどこへ行ったのかな?」残った生徒に進藤は尋ねた。

「ああ、寿司を食べに行ったみたいですよ」

激励会の生活指導では寿司などの生ものは避けるように、という話も出た。万が一食中毒を発症すれば、軽症だったとしても数日間は体調を崩して勉強に集中できなくなるからだ。

「誘われるとあいつは断らないから、南野を誘うやつが多いみたいです」

進藤は会議室を飛び出したが、南野たちの姿はなかった。

先に帰った関目に報告するため、メビオに向かう。

「どうかした?」

進藤が事情を説明すると、関目は言った。「リスクを理解したうえで、それでも食べるかどうかは結局、自覚の問題だから。寿司を食べるか、食べないか。勉強するか、サボるか。選択を強制しても意味はない」

「なるほど……でも、それで合格させられるんですか？」

「もちろん！」関目は即答した。

進藤がその根拠を尋ねる前に、彼は言葉を続けた。「もちろん、今のままでは全員、100%受からない。ギリギリで受かった生徒もたくさん見てきたから、彼らの言動とモチベーションの関係は分かっているつもりだ。成績的に難しいのに、モチベーションも足りなければ、合格するはずがない」

「え、そうなんですか？」

「そんな彼らを1年でどうやって合格させるのか……考えるだけでワクワクするだろ？」

関目は目を輝かせて進藤を見つめた。

メビオに実在した医学部合格者のエピソード②

再受験という壁を乗り越えて

文系学部を卒業後、一般の会社に就職。社会人としての生活をしていた平井くん。父親が営んでいる医院を継ぐべく一念発起して医学部受験を決意しました。しかし平井くんがメビオの門を叩いたときはすでに28歳でした。

もともと文系の平井くんは、英語以外はすべての科目においてほぼ初心者という状態でした。メビオ入会に際して行われる学力診断テストでも、平井くんの答案を前にした数学の講師のなかには「1年での合格は無理かもしれない」と感じる者もいました。

いざメビオでの生活が始まってみると、数学だけでなく、理科の負担は平井くんにとって予想外に大きかったのです。生物は高校2年生まで履修し、その後独学で少しかじった程度の平井くんは、標準的な内容の宿題でさえ手が出せず、すぐに講師室に質問にやって来ました。すると対応した生物担当の西尾から「現実の事象には背後に複雑なつながりがあり、いくら問題文を読んでも暗黙の了解事項を知らないと解けない。これからの学習で少しずつ見えてくるはずだから地道にやっていこう」と諭されました。そのことを聞いてなんとか納得しようとしている平井くんの表情を見て、西尾講師は「苦労するだろうけど、この生徒は伸びるだろう」と直観しました。何事も「自分の頭で突破していこうという姿勢」があるゆえの現在のジレンマは、その後知識が整理されていくと、逆に大きな強みになるだろうと感じられたからでした。

数学でこそプラスに働きそうな「自分の頭で突破していこうという姿勢」は逆にマイナスに働くこともありました。新しく習った考え方やテクニックを定着させるには大変な苦労を伴ったのです。それでも平井くんは授業中にはいっさい手を抜くことなく、そのときもっている知識をフル活用して正答にたどり着くまで必死に格闘しました。数学担当の大川内は「ほかの生徒が諦めるなか、彼だけが粘って取り組む姿はとても印象的だった」と語っています。平井くんの真摯《しんし》さに突き動かされた大川内は、授業後も時間の許す限り平井くんの面倒を見たのでした。

メビオでは、生徒のレベルだけでなく適性に応じて細かいクラス分けを行います。平井くんもよく似たタイプの生徒が集まるクラスでのスタートとなりました。通常に比べて英語が少なく数学が多い時間割となり、さらに平井くんには化学の個人授業がプラスされました。授業が進み、各授業での様子を各担当講師が科目を超えて情報を共有していくなかで、夏期のクラス編成の青写真が出来上がり、6月の実力テストの結果も踏まえて新たにクラスが組み直されます。さらに、夏期講習での様子と8月の実力テストの結果から、今度は受験という最終ゴールを見据えての秋のクラス編成が決まります。

平井くんのクラスは、これまでよりもさらに大胆に英語を減らし、数学だけでなく化学が多い時間割となりました。平井くんには引き続き化学の個人授業があるため、通常の生徒に比べて化学は2倍の時間が費やされました。化学はメビオに来るまで触れたこともなかった科目であり、4月以来苦手意識がぬぐえず四苦八苦し続けていましたが、秋も深まる頃になると担当講師の目にも平井くんの成長がはっきりと感じられるようになっていました。反対に、英語は通常の時間数の半分に減ってしまうので、講師には授業内容の取捨選択が難しくなります。英語を担当した上田は、英語が得意な生徒でも興味をもつことができるよう工夫をこらし、濃密な授業を心掛けました。

そして受験期。平井くんの変わることのないストイックな態度は、ふとしたことで弱気になってしまう年下のクラスメイトの受験への気持ちをポジティブな方向に導いてくれました。「平井さんが頑張っているから、私ももう少し頑張ろう」という気持ちが周りにも生まれ、クラスの皆が一体となって「合格しよう」という雰囲気が自然と出来上がっていったのです。

結果、平井くんは見事、近畿大学医学部を正規合格で突破しました。それは平井くんの第一志望校でもありました。何事も「自分の頭で突破していこう」という平井くんの姿勢は、教える講師陣だけでなく周りの生徒たちも巻き込みながら、夢の実現へと突き進む力となっていたのです。少人数での授業を展開するメビオならではの相乗効果でした。

（２０１５年　近畿大学医学部進学）

第2章　夏――格差

6月11日　梅雨入りと実力テスト前のイライラ

受験生にとって夏は怖い季節である。「今年こそ」という意気込みでスタートを切った春は新鮮な気持ちや、やる気を維持しやすい。いい意味での緊張感があるうえ、浪人生は不合格の悔しさをありありと覚えている。そのため、たいていの受験生は真面目に勉強に取り組む。

ところが、梅雨入りのあたりから、そんな張り詰めていた生徒たちの空気が緩み始める。良くも悪くも、生徒たちが慣れ始めるためだ。受験生であることに慣れ、メビオという環境――クラスメイトや講師、授業、テストなどに慣れると、生徒たちの足並みは乱れ始めていく。

4月以降、新型コロナウイルス感染症対策として続けられてきたオンライン授業が、6月からはソーシャルディスタンスと換気を意識したうえで、本来の対面授業に戻された。生徒のやる気を盛り上げられるはずだが、夏場特有の緩みを進藤も感じていた。

遊びたい盛りである彼らにとって、夏は誘惑の多い季節でもある。

誘惑をはねのけ、体調管理に気を配って頑張る生徒がいる一方、誘惑に負けて遊んでしまう生徒や体調を崩して夏バテする生徒も出てくる。

夏は医学部受験生にとって、ジワジワと格差が生まれて広がっていくシーズンなのだ。

「格差……ですか」

「そう、格差。クラスでも、少しずつ見えてきたね」関目はチョコレートを一口かじると、コーヒーを口へ運んだ。

「クラスで最も大きく変わったのは南野ですかね」進藤は言った。

右も左も分からず緊張気味だった４月には反抗的な雰囲気があったが、２カ月で環境にすっかり慣れたのか、最近は静かに授業を受けている。

ただし、メビオでの受験生生活に慣れた分、南野は手を抜くようにもなっていた。

「自習時間も減っているみたいだね」関目が自習室のチェックリストを見ながら言った。

授業前、授業の合間、授業が終わってから閉館まで……多くの生徒は寸暇を惜しんで自習室を利用するので、年間の平均自習時間は１４００時間にもなる。自習室の使用状況はＡＳが確認し、データとして蓄積されていくので、講師は時間の増減によって生徒の状態を知ることができる。

また、生徒たちに学習状況を記録させている「メビオノート」をクラスミーティングの際に確認することでも、どのくらいの時間と労力を自習に掛けているかが分かる。

直近のクラスミーティングで、南野の自習時間が少なくなっていることを水島と仙田が指摘した。

「だって、自習室が閉鎖されてたから」

南野はそう言い訳をした。

確かに、新型コロナウイルス感染症の予防対策として、換気が難しい地下の自習室は閉鎖されていた。ただし、その代わりに授業の予定が入っていない教室を自習室に充てているので、席数は十分確保されている。

にもかかわらず、梅雨入り頃から南野の自習時間はどんどん減っていて、先週は4月の半分程度にまで落ち込んでいた。

「それだと、授業内容の復習もできていないですね」

進藤の言葉に、関目がうなずく。

「なかなか教えがいがあるむっつり問題児だよ」

授業で学んだことを本当の学力にするためには復習が欠かせない。教わったことを1人で再現してみることで、理解したことが血となり肉となる。予習を重視する予備校もあるが、自分なりの方法で解答を導いても、それが入試で通用するかは別の話である。

「まあ、もう少し様子を見よう」関目はフフッとほほえんだ。

「分かりました。意外に頑張ってるのが市山ですね」

市山は相変わらず危なっかしく、たびたび遅刻する。

「梅雨入りしてから、いちばんの悩みはヘアスタイルがすぐに崩れることらしいね」

「朝は少しずつ、起きられる日も増えているようです。ただ、一昨日は髪の毛のセットに時間が掛かって遅れてました」

市山と仙田、水島は、今ではよく食堂で一緒に食事をするようになっている。カラッとした性格の水島は、誰にでも優しく、チームを良い方向に引っ張っていた。最近では、ごくたまに南野が食事に参加している姿も見られるようになり、進藤は驚いていた。

進藤が水島に「なぜみんなの世話を焼くのか？」と理由を聞いたら、水島は「強いチームは、まとまりがいいんですよ」と答えた。

「運動だけじゃなくて、勉強もそうでしょう？　一緒に頑張ろうって言ってくれる人の存在は上にいくための力になると思うから」

まっすぐに答える水島に、進藤は胸が熱くなった。

「なぁんて、格好いいこと言ってますけど、結局、自分が合格する確率を上げたいからなんですけどね」水島が照れくさそうに言う。

そのとき、進藤は「何気ない会話のなかにも、生徒たちの状態を知るヒントがある」という関目の言葉を思い出していた。

（確かに、一緒に過ごす時間を増やせば、生徒同士の会話から情報を集められる。講師にとっては生徒のことを知るいい方法だ）

以降、進藤はクラスの生徒と接する時間をなるべく増やすよう心掛けるようにした。

「水島は、少しずつですけど勉強の手応えを感じ始めているように見えます」

授業のあと、地下の講師室で進藤が関目に言った。

「そうだね。いつもいちばん前の席で授業を聞いているし、分からないところは質問しに来るから、基礎力がつき始めているのかもしれない」

クラスでの日々が基本的にはプラスに作用している市山や水島とは反対に、講師陣から心配されているのが仙田だった。

授業内容の理解を確かめるための復習テストでは高い点数を取れるようになっているが、問題は心身の状態にあった。夏に入って痩せてしまい、目の下にクマが目立つようになっている。

「夜はちゃんと寝てる？」

進藤が尋ねると「寝てます」と答えるが、些細なことで心のバランスを崩して、泣きだすことが増えていた。

「でも、6月上旬に生徒たちが過敏になるのは例年のことだよ」関目は言った。

「なんといっても、実力テストがあるからね」

4月に行った第1回実力テストは英語と数学しかなかったが、2回目のテストはすべての科目が出題されるため、本当の実力を試されるテストとなる。クラスは成績だけで振り分けられるわけではないとはいえ、生徒にとっては自分がだいたいどの位置にいるかの指標となるため、第1回とは受ける意気込みが違ってくる。

メビオではどんなクラスであれ、あらゆる方法で合格を狙いにいくのだが、やはり下位クラスは避けたいという緊張感がこの頃の校舎では感じられるようになる。

そんななか、連日のように雨が降りムシムシと暑くなるのだから、生徒たちのイライラが高まり、些細なことで諍《いさか》いが起きることもある。

今朝も自習室の席取りでもめているのを、進藤は止めた。

自習室の席数は十分確保されているが、お気に入りの席を取りたい生徒が並ぶこともある。

「水島くんが横入りをしたんです！」

顔を真っ赤にして怒っていたのは別のクラスの生徒だった。水島のほうは困った様子で短髪の頭をボリボリとかいている。

進藤が事情を聞くと、行列を離れてトイレに行っただけだという。前後の生徒にそのことをちゃんと伝えていなかったので「横入りした」と噛み付かれたのだ。

幸い、基本的にはおとなしく物分かりのいい生徒が大半なので、講師である進藤が事情を説明すると、トラブルは収まった。

生徒の多くは勉強に関することには恐ろしいほど真剣だ。

額の汗を拭いながら進藤が講師室に戻ると、関目が生徒たちに囲まれていた。

「お疲れさまです」彼らの頭越しに声を掛けると、関目も挨拶を返してきた。

実力テスト直前のこの時期は、勉強について質問に来る生徒が急増する。一人ひとり丁寧に教えなければならないので、重なると大変だ。

答えを教えておしまいなら簡単だが、解答の一歩手前で説明を止めて、生徒が自力で答えにたどり着くよう導くのがメビオでの教え方だ。だから、なかなか答えにたどり着けない生徒は何度もやって来る。講師にとっては手間が掛かる教え方だが、最後の一歩を自分の頭で考えさせることで、正解を導き出す力が強化される。

昨日は進藤のところにも5人の生徒が質問に来た。そのうちの1人は仙田だったが、彼女は1日に3回もやって来た。

「次のクラス替えでは絶対に上のクラスに行くんだって」昼食を終えて教室に戻ったところで、市山が悪気なしに仙田の目標を公表すると、皆が顔を上げた。

「そんな、だって……みんなも、そうでしょう?」

焦って弁解する仙田に、水島がうなずいた。「そりゃあ、そうだよね」

南野も静かにうなずく。

(せっかくクラスの雰囲気が出来上がってきたのに……)

みんな言葉にはしなかったが、今、自分がいるのは決して上位クラスではないことを理解していた。場の空気が重くなってきたとき、関目が堰《せき》を切ったようにこう言った。

「とりあえず、なにか1教科で平均点を目指しましょう。平均点を取れる教科を増やしていって、全教科が平均点に達したら、かなり高い確率でどこかの大学には合格できますから」

南野と仙田は平均点というリアルな目標に表情を曇らせた。それなりに勉強を重ねてきた彼らには、メビオの平均点を取ることの難しさが理解できるからだ。

重くなりそうな空気をはね飛ばすように、市山が小さな拳を突き上げた。

「よぉし、頑張るぞ！」

6月12日　変わるものと変わらないもの

翌朝、開校を待つ列に南野と水島の姿があった。

「水島くんは、友達が合格したとき、素直に喜べましたか？」

水島は少し考えてから「最終的には……かな」と答えた。

南野がため息をついた。「僕は喜べなかったんです。本当は、おめでとうって言ってあげたかったんですけど、最後まで言えなかった」

「別に悪いことじゃないよ」水島が言った。「僕もケガしちゃって、もう二度と激しい柔道はできないってなったときは、柔道部の部室をメチャクチャに壊したくなったし、代わりに出場した友達をすごく恨んだ」

南野にとって、水島のこの言葉は意外だった。

「でもさ、医師になるのは自分が諦めさえしなければ、いつだってできるだろう？　医学部に入ったクラスメイトたちに、あとから続けばいいだけだって思ったら、きちんとおめでとうって言えたよ」

「水島くんは、なぜ医者に？」

「ああ、やっぱりなにか運動に関係する仕事がしたくて。本当は柔道整復師とかスポーツトレーナーでも良かったんだけど、親父が金は出すから医師になれって」

困ったように笑う水島。

「あ、でもそれでいったら、俺、今年がラストチャンスだった。親父、今度はさすがに出し過ぎだってさ。いつだって、やりたいことをやるにはお金があればって条件があったね」

そのとき、校舎のドアが開いた。

「さぁ、今日も頑張りますか」と言うと、校舎のほうへ進んでいく水島。南野も、その背中を追い掛けていった。

朝一の授業がないので、進藤はコーヒーを飲みながら資料を整理していた。

「メビオの生活には、だいぶ慣れた？」

後ろから関目に尋ねられて、進藤は首を横に振った。

「いやぁ、まだできてないと思うことだらけです」

「ははは。メビオでの生徒との関わりは予備校のなかでは特異だからね。どっちかっていうと学校のそれに似てるから」

　確かに、今進藤がやっていたのは、授業の準備ではなく出欠や遅刻の確認といった生活面の資料の整理だった。

「関目先生はなぜ、メビオで働くことにしたんですか？」

「うーん、一言で説明するのは難しいけど、強いて言えば、いろいろな人と出会って、いろいろなことを経験できると感じたから、かな」

「出会いですか？」

「僕は好奇心が強いんだ。学生時代に海外を放浪したのも、知らないことに触れるのが楽しかったからだし。この学校には個性的な講師がたくさんいるから、彼らと一緒に働いていると、毎日のように新しい発見があって、とても楽しいよ」

　確かに、メビオには変わった講師が多い。数学オリンピックに出場するほどの天才肌や学生時代に自転車競技で全国制覇を成し遂げた熱血漢、趣味の延長でＣＤデビューを果たしたミュージシャン……など、講師以外の部分で人生を謳歌している人間が多い。

「それを言うなら、先生もかなり変わってますよね」

　進藤が言うと、関目は首をかしげた。「いや、僕は普通だよ」

「まだ入ったばかりの僕が言うのもなんですけど、クラスの全員を合格させられないと辞める、なんて宣言するのはあまり普通じゃないのでは？」

「そうかもしれないね。ああ、もし僕が辞めることになっても、進藤先生まで辞めることはないから」

あいまいにうなずいてから、進藤は尋ねた。「先生はなぜ、全員合格なんて宣言したんですか？」

「きれいごとを言うなら、本来はそうあるべきだと思うから、だね」関目が答えた。

「本来……ですか？」

「僕たちは学校の先生ではなく、予備校の講師だからね。学力の向上だけでなく、合格という結果が求められる」

それについては、進藤も苦い思い出があった。かつて教えていた予備校で不合格になった生徒の保護者からクレームが出て、大きなペナルティを受けたのだった。

「安くはない授業料を支払ってくれるのは生徒たちの親だ。彼らは自分の子どもを医学部に合格させてほしいと願ってメビオに子どもを入学させる。理想論だけど、本来どのクラスであれ合格させるんだ、という信念を講師はもつべきだろう」

「確かにそうですね」

進藤がうなずくと、関目がフフッと笑った。

「まあ、ほかにも楽しみはいろいろとあるよ。生徒の解答にホッコリさせてもらったり、思わずうなったり、とかね。例えば、この市山さんが書いた生物の解答はなかなか秀逸だよ」

そう言って関目は引き出しから1枚のプリントを差し出した。のぞき込んで見たが、ぱっと見なにが面白いのか進藤にはよく分からない。すると関目が「ここ」と解答を指差した。

「マルピーギ小体……じゃなくて、マルピーギ小林⁉」

進藤は思わず噴き出した。

「深夜番組に出てくる売れない芸人の名前みたいだろう？　なんか勢いで書いちゃったんだろうなあって……あれこれ想像するのはとても楽しい。かと思うと、学校が出した解答が間違っていると指摘して、正しい解答を教えてくれた生徒もいた。能力や個性がこんなにバラエティ豊かな子どもたちと接する毎日はワクワクの連続だったよ」

楽しそうに話していた関目が、急に真顔になった。

最後の一言がなぜ過去形なのか、尋ねるべきかどうか、進藤が迷っているうちに、彼は言葉を続けた。

「ただ、本音で答えると、自分がヘリウムみたいだと気づいたからかもしれない」

「ヘリウム……ですか？」

「4年前に卒業した生徒が、春に遊びに来てくれたんだけど、その彼に言われたんだ。先生はヘリウムみたいだって」

「ヘリウム？」

「原子番号2の元素。褒め言葉だったんだろうけど、妙にその言葉が胸に刺さって……。気がついたら、全員合格なんて言い出してた」

進藤は首をかしげた。

（ヘリウムの特徴は……空気より軽い？　ってことは、卒業生は関目先生が「軽い」と言いたかったのか？）

「いや、余計なことを言ってしまった」

考え込んでいる進藤を見て関目はにっこりと笑い、それ以上はなにも語ろうとしなかった。

6月24日　実力テストとカンニング

メビオの実力テストは校舎から徒歩5分のビルにある大きなホールを借りて行われる。講師はその日は早くから念入りに打ち合わせをして、生徒たちを待ち受ける。

わざわざ校舎以外の場所で行うのは、入試を見据えてのことだった。いつもの見慣れた風景で受けるテストと、初めての場所で受けるテストではプレッシャーが違う。そうしたシチュエーションの再現に並々ならぬ情熱を傾けるのも、メビオの特徴の一つである。

また、実力テスト間近になると、地下の講師室に質問に来る生徒が普段以上に増えて熱気に満ち溢れるなど、校舎内にただならぬ雰囲気が漂う。

そのせいもあって、当日の生徒は緊張に顔を強《こわ》ばらせており、始まる前から涙ぐんでいる者が見られることもある。

「普段、少人数のクラスばかり見ているからかもしれないけれど、なかなか壮観ですね」会議室にズラリと並んだ生徒たちを見渡して、進藤は関目にささやいた。

試験開始は９時半。まだ10分前だが、会場はいつの間にか静まりかえっていた。

「始め！」

スタートの合図とともに、誰もが食い入るように問題用紙を見つめ、筆記具を走らせる。

クラスの生徒が気になった進藤は見慣れた姿を探した。普段から真面目な仙田や水島はもちろん、南野や市山も鬼気迫る顔で机にかじり付いていた。

（頑張れ……）必死な彼らの様子に、進藤は息が詰まりそうだった。


午前中の試験が終わると、弁当が配られる。メビオ食堂自慢の逸品、「実力テスト日特別お弁当」だ。そのまま会議室で食べる生徒もいれば、近所の公園に持っていき、気分転換を図る生徒もいる。

一方、講師のほうはそそくさと昼食を済ませて、回収した答案の採点に取り掛からなければならない。進藤も英語の答案を受け取り、採点を始めた。

しばらく採点を続けているうちに、異変に気づいた。

同じ間違いが３問もある答案用紙が見つかったのだ。片方は南野の答案だった。

もう一方はほかのクラスの生徒だ。テスト会場では南野の隣に座っていた。改めて答案を比べると、和訳問題の記述も偶然ではあり得ないほど似ているうえ、南野の解答としてはでき過ぎだった。

(そんな、どうして⁉)

進藤は裏切られた気持ちでいっぱいになった。そして、今すぐ注意すべきだと関目に訴えると、彼は最後まで様子を見るという。

「ちょっと前の南野なら、自分らしいスマートな解答ができなければ諦めて白紙で出していたと思う。決して許されない行為だけど、彼なりに、なんとか点数を取りたいとあがくようになってきているな」

進藤には、関目が南野のカンニングを喜んでいるように見えた。

実力テストの結果が配られると、水島は顔をしかめてから、フーッとため息をついた。4月のテストでも全校で最下位だった。2カ月経っても、成績は変わっていない。

※英語・数学は200点満点、化学・生物は100点満点

メビオ平均点　英語118・10点　数学97・02点　化学55・98点　生物56・54点

合計327・64点

南野　英語80点　数学78点　化学38点　生物35点　合計231点
　　　校内総合偏差値39・2
仙田　英語88点　数学69点　化学41点　生物50点　合計248点
　　　校内総合偏差値40・3
市山　英語87点　数学57点　化学20点　生物28点　合計192点
　　　校内総合偏差値36・2
水島　英語76点　数学34点　化学40点　生物37点　合計187点
　　　校内総合偏差値35・4

結果、4人は「タートルズ」として、再び同じクラスに入ることとなった。

「何度やっても一本負けって感じだよ」

諦め顔で笑う水島に南野が言葉を掛ける。

「でも、春に比べたら粘れてるんじゃない？」

「そう言われたらそうか。確かに、開始5秒で試合終了って感じじゃなくなってきた。でも、ここから合格まででってどこまで遠いんだよ」

「とりあえず、前には進んでるんだから、いいじゃん」市山が言った。

「よっしゃ！　ここから追い込みだ！」

実力テストの分析を手に水島が叫ぶと、南野と市山が「追い込みだ！」と唱和した。

仙田だけは彼らの会話に加わらず、真剣な表情でテストの結果分析をじっと見つめていた。

仙田は寮に入る際、「勉強の邪魔になるから」とテレビやスマートフォンは持ってこなかった。一応、携帯は持っているが「ガラケー」である。そのため、新型コロナウイルスの世界的な感染増加についても、最近までほとんど知らなかったほどだ。ASや講師の指示を受けてマスクを着け、消毒液を使っていたが、風邪かインフルエンザの予防が目的だと思っていた。

少しでも空き時間があれば単語帳をめくるのが彼女の日課だった。

ところがである。それほどの意欲をもって受けたテスト成績については、担当する講師全員が「学力を反映していない」と判断するほど結果が出せなかった。テストになると、できない問題にこだわるあまり時間配分を忘れてパニックになり、できる問題まで間違えてしまうのだ。

その結果、英語や生物、化学などでは平均点を取るくらいの学力があるのに、いざテストを受けると、ひどい点数しか取れていないというのが講師たちの見解だった。

市山はテストの結果をひととおり確認しただけで、スマホの操作に戻った。最近は短い動画を投稿し共有するティックトックにはまっていて、かわいい自撮り動画をアップするのが楽しみだと公言していた。

「お小遣いのために、とりあえず遅刻はしないように頑張るけど合格は無理だと思う」

彼女がテストの結果に一喜一憂しないのは、そもそも合格すると思っていないからだ。保護者面談でも、親から「合格させてくれるのであれば、もう1年かかってもかまいません」と言われており、ほかの3名とは意気込みが違った。

南野は、そんな市山を少し疎ましく感じていた。

テスト終了後、関目と進藤と南野は3人でカンニングについて話をしたが、南野は「知らない」の一点張りだった。結局、今後は監視を強める、ということでその日は終わった。

4月に比べて6月の実力テストでは点数が少し伸び、梅雨の時期に下がっていた勉強へのモチベーションが少しずつ回復してきたからだった。

「カンニング疑惑はさておき、基礎が固まった効果が実は少しずつ現れ始めているんだと思う」関目は言った。「本人は気づいてないけどね」

7月15日　夏期講習の始まりと現れ始める意識の違い

東南アジアや南米、アフリカなど、進藤がバックパッカーとして巡った国の多くは赤道に近く暑かった。なかにはインドのように日中の気温が50℃近くになる国もあった。

地域によってはエアコンのあるホテルが少なく、あっても宿泊費が高いので、汗だくになりながらも眠れるよう、いつしか自律神経が鍛えられた。

（暑さには強いはず）

そう信じてきたが、４人の受験生を抱えて迎える夏はこれまでになく厳しかった。梅雨明けと同時に気温がぐんぐん上昇し、まだ7月の半ばだというのに、35℃を上回る日もあった。コロナ予防のために、家を一歩出たら常にマスクを着用しているのでなおさらだ。猛暑は生徒たちの心と身体にも影響を及ぼす。

夏を迎えても好調を維持していたのは水島だった。もともと、ランニングや筋トレで鍛えてきたこともあり、暑さはあまり苦にならないのだ。

「３浪目でようやく、手応えを感じています」

一方、太陽が大嫌いだという市山は、毎日わずか2分ほどの通学で消耗してしまい、「夏のない国に移住したい」と毎日愚痴っていた。

「だいたい、マスクしてると、蒸れてお化粧がはげちゃうし」

「僕は常夏の国がいいなぁ」

休憩中に教室で市山の愚痴を聞いた水島はそう言った。

「えぇ～、カナダとかスイスのほうが絶対いいと思うけどなぁ」ムキになって市山が反論する。

その様子を見ていた関目があとで、「市山さんは水島くんが好きなんだな」と言ったが、進藤は信じなかった。

（それはないだろ。「体育会系は嫌いだ」ってあんなに言ってたんだから）

一方で、進藤が少し心配になっていたのは南野のことだった。

「復習テストの成績はこのところ停滞してるんですよね」

夏の前半、少し勢いに乗った南野だったが、最近はぱっとしなかった。

復習テストができていないわけではないが、成果が出ているとはいえない状況が続いていた。

宿題を見ると、以前のように自分なりの解答は見かけなくなっているので、授業をきちんと聞いているようだが、質問をすると答えに詰まることが増えていた。

「なにか対策を考えましょう」と進藤が進言すると、関目はなぜか首を横に振った。「あの子の場合はちゃんと1回落ちないとダメですから」


南野が伸び悩んでいる理由が知りたくて、進藤は水島に最近の南野について聞いた。

「ああ、最近は寮の4浪生と仲良くなって、1階にある談話室で宿題を一緒にやっているのをよく見掛けますね」

春から夏にかけてはメビオの勉強に慣れている多浪生のほうがデキる。効率的な解き方や各大学の傾向など、彼らから得られる情報は少なくない。

その日の夜、進藤が寮をのぞきに行くと、確かに南野と4浪生の姿があった。メビオの寮では各部屋への出入りは禁止されているので、友人と会話をしたりテレビを見たりするための談話室が1階に設けられている。南野は2人の生徒と一緒にノートを広げていた。

校舎に戻り、進藤がそのことを関目に告げると、関目はあることに気づいた。

「全員、関西医科大学が第一志望の生徒ですね」

「関西医科大学っていうと、南野の第一志望じゃないですか」

「そんな先輩たちと一緒に勉強をする……というと聞こえはいいけど、南野の場合は、すでに関西医科大学に目標を絞って対策を打っている可能性があるな。宿題も答えを写しているだけかもしれない」

（無駄なことはしたくないってわけか……）進藤は表情を曇らせた。

7月25日　受験生だって恋したい！

夏は生徒たちが浮き立つ季節でもある。2020年は大阪でも天神祭が中止になったほか、多くのイベントがなくなった。

報道を見ていると、自粛一色で塗りつぶされているようだが、それでも、SNSには海に遊びに行ったり、バーベキューやキャンプに繰り出す若者の様子が掲載されている。

同年代の多くが恋人や友人と夏を楽しむなか、沸き立つ気持ちを抑えて机に向かうのは、苦行以外の何物でもない。

「遊びに行きたいなぁ……」進藤が担当する英語の授業中、市山は何度も愚痴った。

「20代の夏って10回しかないんだよ」

「合格したら、来年は思う存分楽しめるぞ」進藤は言った。

「明日、車にひかれて死んじゃうかもしれないじゃん」

「道を歩くときは気を付けろよ」

「気を付けても、信号無視のトラックが突っ込んできてドカーンってなるかも。それか、勉強のし過ぎで死んじゃうかも……」

市山の言葉を聞いて、進藤は少しドキリとした。最近、仙田の体調が優れないことを知っていたからだ。ＡＳの話によると、最近は食堂で朝食を取ることが少なくなっているらしかった。第２回実力テスト前には寝不足の顔を見ているので、無理をしているのではないかと進藤は心配になっていた。

「じゃあ、今日だけ特別。晩ごはんの時間だけ外出ＯＫにする！　その代わり、きちんと時間内に戻ってくるんだぞ」

「ホントに⁉　やったぁ」

大喜びする市山。「じゃあ、じゃあ、仙田さんも一緒に行こう！　水島くんと南野くんはどうする？」

「行く行く！」即答する水島。

「……ちょっとだけなら」と南野。

（これで少しは元気を出してくれるといいけど……）

強引な市山に困りながらも笑顔を見せる仙田を、進藤は願うような気持ちで見ていた。

夕食の時間になると、進藤は関目と一緒にメビオの食堂に向かった。エアコンをかけながら窓を開けているので、川のにおいがする夏の風が戸外から入ってくる。早々に食事を終えて講師室に戻った進藤は関目に尋ねた。

「関目先生、受験生の恋愛ってどうなんでしょうか」

さすがにこの頃になると、進藤も市山が水島に好意を寄せていることが分かった。よく2人でいるところを見掛けるし、いつの頃からか、市山のつけている腕時計が水島と同じモデルの色違いになっていた。

「まあ、あまりおすすめはしないけど、受験生とはいえ、その子の人生だし。最終的には自分で決めるしかないよね」

進藤には、恋愛は市山にとって良い方向に働いているように見えた。水島がいるからなのか、朝から来ていることも増えてきたし、ちゃんと授業の復習もしているようだった。最近は講師室ではなく、食堂で水島に分からないところを聞くことのほうが多い。

水島にとっても、市山に教えることで自分の復習にもなっているようだった。しかし、おそらくあまり女子と付き合った経験がないのだろう。市山に振り回されているような場面もちらほらと見られる。

（うまくいけばいいな……）そんなことを考えていた進藤を見透かしてか、関目が言う。

「恋愛にのめり込み過ぎて、成績を落とす子が毎年いるんですよねぇ……」

「ちょっと、関目先生！　やめてくださいよ」

8月2日　女子にとっての医学部受験

うだるような暑さが残る夕暮れ、仙田が駆け足で関目のもとにやって来た。顔を真っ赤にして手にはガラケーを握りしめている。

「あのっ、女子とか多浪生が医学部受験で差別される、というのは本当ですか？」


2018年夏、文部科学省の前局長が自身の息子を東京医科大学に裏口入学させたというニュースをきっかけに、女子や多浪生に対して多くの大学の医学部が受験において差別をしていることが明らかになった。

もともと、医学部受験で生徒の属性によって差別があることはかなり古くから知られている公然の秘密だった。特に地方の私立大学では、女子生徒や多浪生よりは、現役生や地元出身の生徒のほうが合格しやすいと言われてきた。

背景にあるのは大学側の「体力があり、医師を長く続けてくれる人材が欲しい」という事情だ。近年、少子化や過酷な労働環境のせいで診療科によっては希望する若者の数が減っており、状況に照らすと、妊娠出産がある女性や多浪生はあまり合格させたくないのが大学の本音だったのだ。地域医療の崩壊を防ぐためには痛し痒しといった面があり、長年見過ごされてきたのであった。


仙田は持っていたガラケーの液晶を関目に見せた。そこには一昨年のニュース記事が表示されており、受験差別を行った大学として、一昨年、昨年と彼女が連続で受けた大学の名前が記載されていた。

「先生、これって……。これって、女子はどんなに頑張っても合格できないってことですか⁉」

仙田が珍しく声を荒げる。ガラケーを持つ手が震えていた。

「落ちついてください。まず、それは一昨年の記事ですよね。女子や多浪生に対する差別はもともと、医学部受験の世界ではよく知られていた事実です。不公平だと指摘する声があっても、長年、改善されませんでした。

ところが、そういった記事が出たおかげで、昨年の受験では女子や多浪生への差別はほとんど見られなかった、と聞いています。つまり、差別はほぼなくなったんです」

「本当に？」

「ええ。少なくとも、これまでより大幅に改善されたのは確かですから、安心してください」

「じゃあ、今度は合格できますか？」すがるような目で関目を見る仙田。

「それは正直、なんとも言えません」関目は落ちついた口調で優しく言う。

「ただ、過去を振り返っても変えることはできません。例えば、一昨年の入試について訴訟を起こす、という手段もありますが、時間と手間が掛かる割に、結果がどうなるかは不確定です。それよりも、今年からは公正に見てもらえるのだから幸運だ、と考えるようにしませんか」

「でも……」

「もしかしたら、しなくてもいい回り道を仙田さんはしているのかもしれません。でも、医学部で学ぶようになってから、メビオでの1年があってよかったと思えるように、私たちは君を支え、伸ばしますから」

　黙って聞いていた仙田は少し間をおいてから、コクリとうなずいた。

8月10日　体力の限界

　進藤が講師室で翌日の授業の準備をしていると、ASの清川が駆け足でやって来た。その表情から、なにかが起きていることをとっさに彼は悟った。

「ちょっと待って」作りかけの資料を保存した彼が清川のほうを向くと、間髪を入れず、心配そうな顔で彼女が口を開いた。

「仙田さんの保護者から、夜何度か電話をしているのにつながらないと連絡がありました。寮母さんの話では、夕方の5時過ぎには寮に帰って来ているみたいなんですけど……」

夜の10時過ぎ、関目はもうとっくに帰っていた。

「今から一緒に見に行ってもらえないかな？」進藤はばたばたと身支度をすると、すぐに寮へと向かった。

仙田志帆の母親が娘に電話したのは親戚に不幸があったのを伝えるためだった。ところが、夕方から何度連絡しても電話に出ず、留守電のメッセージを残したのに反応がない。そこで、メビオに問い合わせが来たのだった。

「……はい。今から寮に向かいますので、またすぐにご連絡いたします」

移動しながら仙田の母親へ連絡をする進藤。

汗だくで女子寮にたどり着くと、玄関前で寮母さんが待ち受けていた。

「明かりが点いていますし、部屋にいるようなんですけど」表情を曇らせて寮母さんが事情を説明する。「なのに、呼び掛けても応答がないんです」

カギを開けて入り、場合によっては救急車の手配を……とも考えたが、ほかの寮生を驚かせるのはできれば避けたい。そう思ったので、講師の到着を待っていたという。

オフィス街はすっかり暗くなっていたが、外から見るとメビオの寮だけがカーテンの隙間から漏れる光で明るく浮き上がっていた。

（だから、あれほど言ったのに）胸の内で進藤は仙田に語り掛けた。

６月の実力テストでの惨敗、そしてこの前の医学部入試不正問題、進藤と関目は冷静さを保つように促したが、結局、仙田はさらに勉強時間を増やしたのだ。

食堂で食べながらテキストを広げ、進藤や関目がいくら忠告しても睡眠時間を削り、明け方まで勉強を続けていた。

「女子は今年も差別されるかもしれないから」

関目が否定しても、彼女は受験の差別を気に病んでいた。合格ラインのはるか上をいかなければ、女子だからという理由で不合格になるかもしれない――そう考えるのをやめられないようだった。

「とにかく、部屋の中を確認しましょう」

３人でエレベーターに乗り、仙田の部屋がある３階にたどり着いた。部屋の前では、同じフロアの生徒が数人集まって心配そうに見ている。そのなかには市山の姿もあった。

「仙田さん、ドアを開けるわよ」寮母さんがカギを開ける。

彼女が先頭で部屋に入り、進藤と清川が続いた。

「大変！」寮母さんが声を上げた。

見ると、仙田は床の上に倒れていた。

清川が駆け寄り、額に手を当てた。「熱がある」

進藤も屈んで、彼女の様子をうかがった。

呼吸はやや浅いものの規則正しい。

「エアコンはちゃんと効いてますから、熱中症ではないですね」

「あの、救急車を呼びます?」

寮母さんに尋ねられて、進藤はうなずいた。

「先生!」市山が声を掛ける。

「大丈夫、僕が付き添うから。市山さんは部屋に戻りなさい。みんなもだぞ」


夜間救急を受け付けている病院に救急車が到着すると、医療用マスクをつけた看護師がストレッチャーを押してきた。

あらかじめ電話で発熱があることを伝えてあったので、案内されたのは病院の裏口だった。「通用口」という表示の上に「発熱救急外来」とマジックで書いた紙が貼ってある。

「歩けます」か細い声で仙田が言うのを抑えて、ストレッチャーに乗るよう進藤は諭した。

救急車の中で意識を取り戻していたが、顔色はひどく悪い。病院までの道中、車中で二度嘔吐した。

「将来は医師になるんだから、ストレッチャーに乗ってみるのもいい経験だろ?」

進藤に言われて、仙田はおとなしくストレッチャーに横たわった。「意外に、揺れないんですね」

医師の問診にも彼女は素直に答えた。

「寮に戻ってからずっと勉強していたのは覚えています。そのあと、気がついたら先生たちと救急車に乗っていました」

「どこか、痛いところや苦しいところはありませんか？」ペンライトで彼女の眼球を照らしながら、中年の男性医師が尋ねた。

「頭痛がして、吐き気もあります」

念のためＰＣＲ検査を行ったあとに心電図をとり、血液検査を行った。医師の診断は過労だった。

「最近は夜あまり眠れなくて……。どうせ眠れないのなら、と机に向かって勉強をするとさらに眠れなくなる、という悪循環が続いていました」仙田は語った。

進藤が実家に電話を入れて状況を報告すると、明日の朝一番に母親がやって来ることになった。

念のため、ブドウ糖と生理食塩水の点滴を打った。

３人でタクシーに乗り、寮に帰り着いたときには東の空がしらじらと明るくなり始めていた。

「ＰＣＲ検査の結果が出るのは明日だそうだから、それまでは部屋から出ないこと」進藤は仙田に告げた。

「あと、検査結果が陰性でも、3日間は休むように、というのがお医者さんからの指示だ」

「3日も……」進藤はその反応から、仙田は勉強が遅れることを不安に感じていると分かった。

「受験勉強はマラソンのようなもの。100メートル走のペースで走っても勝てないぞ。ゆっくり身体を休めることも、合格を目指すうえでは大切な戦略だろ」

登校しても校舎に入れないと言われて、仙田はしぶしぶ休むことを約束した。

翌日、仙田が教室に現れないことをいちばん心配したのは市山だった。

「志帆ちゃんは大丈夫ですか？」

授業の前、関目と進藤は教室に行き、昨夜の出来事を簡単に説明した。

「仙田さん、確かにいつも単語帳とかテキストとか見てたもんな……」心配する水島。

「もっとうまくやれば良かったのに」南野がため息交じりに言った。

「ご両親のためにもなんとか今年でって、頑張りたかったんだと思う」進藤が言う。

「今回は倒れてしまったけど、最終的にはその気持ちが合否を決めることはあるよ」関目が生徒の顔をそれぞれ見て言った。

「前にも言っていますが、各大学によって試験問題の難易度や出題形式はまったく違いますし、年度によっても大きく変わります。回り道に思えるかもしれませんが、今、自分で取捨選択せずに一つでも多くの知識を身につけることは決して無駄ではありません。そして、どの道を選ぶのかは自分自身です」

南野は関目の言葉を黙って聞いていた。

重くなった空気を紛らわすように進藤が言う。

「3日ほど休むことになるので、誰か、代わりにノートを取ってあげてくれないかな……。南野くん、どう？」

「いいですけど、どうして僕なんですか？」

「仙田さんを除けば、君のノートがいちばんきれいだからね」

そういった進藤の言葉は、半分は本当で半分は嘘だった。最近、授業への集中力が途切れてしまった南野に、もう一度授業や自分と向き合ってほしいという願いも込めて、ノート取りを依頼したのだった。

南野は最初こそぶつぶつ言っていたが、まんざらでもない顔をしている。

（頼りにされるのは、うれしいんだな……）

3日後、南野から仙田に渡されたノートには、授業の内容も含めてたくさんの情報が書かれていた。

「どうもありがとう」ノートを受け取った仙田が言う。

「また、分からないことがあったら聞いてもいい？」

「別に、いいよ」照れくさそうに言う南野。

その日以降、南野が談話室で宿題をすることはなかった。

8月20日　明日のための別れ

夏期講習が佳境に入る8月、メビオでは春から数えて3度目の実力テストが行われるほか、推薦入試に向けてのガイダンスや対策授業、そして私立医学部大学別模試が行われる。

かつて、模試については、大学別のものは東大や京大など一部の国公立大学しか存在していなかった。ましてや、私立医学部の大学別の模試など存在せず、私立医学部受験生は受験生全体に占める自分の位置付けを確認できないままに入試本番を迎えることが通常であったのである。

私立医学部大学別模試は、別名「医学部完全再現模試」と呼ばれ、メビオの過去40年の実績と生徒へのヒアリングを基に、毎年、講師が傾向と対策を分析。大阪医科薬科大学や関西医科大学、近畿大学医学部や兵庫医科大学など……、関西を中心に全17大学の試験を実施している。

再現されるのは問題だけではない。解答用紙や会場の雰囲気に至るまで、まさに本番さながらの体験ができるのだ。

(これは……狂気を感じる)

春、初めて完全再現模試の様子を見た進藤は、あまりの再現性の高さにこんなことを思っていた。こうした細部に並々ならぬ努力を捧げる講師がいることも、メビオの特徴の一つだ。

実際の過去問を再現した、完全再現模試の結果を受け取る日は、いわば今回の受験で天国行きか地獄行きかをいよいよ知る「審判の日」となる。

久留米大学医学部模試の結果が発表されたその日、最も感情をあらわにしたのは水島だった。

※全教科100点満点
メビオの平均点　英語36・36点　数学71・2点　化学36・5点　生物45・85点
　合計189・91点

南野　英語30点　数学25点　化学55点　生物25点　合計135点
　校内総合偏差値35・6
仙田　英語25点　数学50点　化学24点　生物27点　合計126点
　校内総合偏差値33・9
市山　英語30点　数学25点　化学29点　生物40点　合計124点
　校内総合偏差値33・7
水島　英語16点　数学35点　化学15点　生物25点　合計91点
　校内総合偏差値28・1

いつもはほかの3人に比べて冷静な彼が、机を拳で叩いてほえた。

真っ赤に充血した目がうるみ、歯を食いしばっているせいで首筋には太い血管が浮き出ていた。

「ダメだ！　全然だ！」

一時期好調を保っていた彼の点数は、再び最底辺に戻っていた。

「大丈夫。実力は伸びてます。入試レベルの問題なので、点数が取れていないだけです。君の成長が点数に反映されるのにはもうひと伸びがいりますが、このままで大丈夫ですから」関目が言った。

「ありがとうございます」声を絞り出すように水島が言った。

「でも、このままで間に合う気がしません」

彼と同じく、南野も陰鬱な表情でボソリと呟いた。

「先生は秋に結果が出るって言ってました。でも、やっぱりダメじゃないですか」

「そんなことはありません。ちゃんと力はついてますから」

「点数が伸びないと、意味がないじゃないですか！　だから、基礎じゃなくて傾向と対策がいいって言ったのに」

南野の点数も6月に比べて低下していた。

「南野くんは本来、もっと点数を取れていたはずだと私も思います。それなのに今回、点数が低かったのは、夏に手を抜くことを覚えたからです」

南野の顔が紅潮した。

「でも、最近は遅れを取り戻そうとしている姿勢が見られます。今回は残念でしたが、次回は得点を（各科目）平均10点は引き上げられると思います」関目がニヤリと笑った。

「ほかのみんなも、自分の解答をもう一度よく見てください。前のテストと比べると、間違え方が変わってきていると思いますよ。特に市山さん」

突然、名前を呼ばれて驚く市山。

「最近は珍解答がなくなってきたので、個人的にはとても残念です」

「なにそれぇ」笑う一同。

（市山の進歩は水島のおかげだな）進藤は思った。

「とにかく、この調子で頑張っていきましょう」

ところが、事件はその夜起きた。

進藤が講師室で復習テストの問題を作っていると、スマートフォンが鳴った。画面を見ると、関目からだった。

「女子寮に来てくれるかな」

のど元まで上がってきた「またですか？」という言葉を飲み込んで、尋ね返す。

「どうしました？」

「市山さんがちょっと……」

女子寮のエントランス前に進藤がたどり着くと、何人もの生徒が外から興奮気味に上階を見上げていた。

「あ、先生」

そのなかの一人、仙田が進藤を呼び止めた。

「市山さんは悪くないんです。なんとか、大ごとにしないで収めてください」

「なにが起きたんだ？」

「もう死ぬ、って一言呟いて、部屋にこもってしまったんです」

「どうしてそんなことを？」

「水島さんにフラれたんです。実は市山さん、少し前から水島さんと付き合ってたんです。でも今日……勉強の邪魔しないでくれって言われたみたいで……」

（テストの点数が悪かったから、決断したんだな）進藤には水島の思いが理解できた。

水島はいい加減な男ではなかった。真剣に考えに考えた末、自分と市山にとっていちばんいいと思える決断を下したのだ。

「市山さんも最初はきちんと受け入れようとしてたんです」仙田が言った。

夜、市山から電話で報告を受けた仙田は彼女を慰めていた。ところが、話をしているうちに、市山は自暴自棄になり、自室に閉じこもってしまったのだという。

そのとき、市山の部屋から悲壮な声が聞こえた。

「もう受験なんてやだぁ、なんでこんなつらいことばっかりぃぃ」

（あの……バカ！）

進藤は苛立ちを覚えた。実力テストが終わったばかりで、寮にはほかにもつらい思いをしている生徒がいる。

「みんな、その思いを必死にこらえて机に向かっているんだぞ……」

進藤の様子に気づいた仙田は市山をかばおうとした。

「私が話をするから、って寮母さんにも言ったんですけど……」

もちろん、寮母さんとしてはクラスメイトから申し出があったからといって、「死ぬ」などと言う生徒を見過ごすわけにはいかない。

「寮母さんは？」

「関目先生と一緒に市山さんのお部屋にいます」

進藤はエレベーターで市山の部屋へと向かった。

「ああ、夜分にお疲れさま」

廊下に散乱している私物――ドライヤー、化粧ポーチ、テキスト、筆記具などをまたいで、開けっ放しになっているドアから部屋をのぞくと、関目がいた。

進藤が靴を脱いで部屋に上がると寮母さんと関目、市山の３人が床に座り込んでいた。市山はペットボトルの水を飲んでいたが、興奮のあまり身体が震えるせいで、大半は床や彼女の服を濡らすばかりだった。

「あー、イングリッシュのカズヤだぁ」市山が顔を上げてクスクスと笑った。と思うと、笑いながら涙を流し、やがて号泣し始めた。

「なにかお手伝いできることはありますか？」

進藤が尋ねると、関目はうなずいた。「ほかの生徒に事情を簡単に説明してから、部屋に戻って寝るように言ってください」

廊下は寮で暮らす女子生徒で埋まっていた。寝ているか、勉強していて気づいていない生徒も少しはいるが、寮生の8割が廊下に集まって、様子をうかがっている。

「また先生のクラスなの？」とげのある言い方で一人の女子生徒が言った。

「皆さんには迷惑を掛けてしまいました。そのことについては、後日、改めてメビオとして対処します。今夜はもう時間も遅いので、みんな部屋に戻って休んでください」

8月25日　誓約書と失踪

寮生活には厳格なルールが設けられている。そこで暮らす生徒たちが入試に合格する可能性を少しでも引き上げられるよう、快適かつ集中して勉強できる環境を提供するのがメビオの務めだからだ。

ルールを破った生徒にはペナルティが与えられる。最も重いペナルティは退寮だ。

市山の場合にはそれまでの素行の悪さに加え、今回の件ではほかの生徒に心理的な動揺を与えたこともあり、講師のなかには退寮を主張する者もあった。

市山をかばったのは関目だった。

生活態度や学力がどんどん改善されていることを説明し、「もう一度やらかしたら……」と執行猶予を主張した。

「20代のときにバカなことをしたことなんて一度もないという人が、このなかにいますか?」

関目の言葉に、講師陣からクスクス笑いが起き、最終的に彼の主張が認められた。

処分が決まると、関目は市山の両親に連絡を取り、面談の予定を組んだ。

市山本人と両親、それに関目と進藤という5人が空き教室で話をすることになった。

「このたびはご迷惑をお掛けしました」口火を切ったのは市山の母親だった。「本人には強く言い聞かせましたので、今後ともよろしくお願いします」

「少しはまともになったかと喜んでいたのに」父親が横でため息をついた。

市山は反発することもなく、肩をすぼめて椅子に腰掛けている。

誰とも視線を合わせようとせず、椅子の上でできるだけ小さくなろうとしている。

（痛々しい……）

進藤も目をそらし、彼女の両親のほうを見やった。

「私の指導が至らず、申し訳ありません」

関目が頭を下げると、市山の母親は慌ててさらに深く頭を下げたが、父親のほうは軽く会釈をしただけだった。

「やめてください、先生！　私たち、先生には感謝しているんです。以前に比べたら遅刻や忘れ物が減ったと聞いてますし」

「ありがとうございます」と言って一礼すると、関目は言った。

「今回は誓約書を書いてもらおうと思います」

進藤はすでに聞いていたので、横でうなずくだけだった。

もしもう一度問題を起こしたら、即退寮でかまわない、という誓約書だ。

遅刻1回でアウトというのは厳し過ぎる気もするが、そのくらいでないと、彼女の行動を制御できない、というのが関目の考えだった。

聞き入れなければ、即刻退会だと関目が告げたこともあり、市山本人と両親は誓約書にサインした。

「市山さん」ムスッとする市山を諭すように関目が言った。

「君はなんのためにここに来たんだい？　みんなはどうしてつらいと思いながらも頑張って勉強

しているんだと思う？」

しばらく黙ったあと、市山はボソッと言った。「医者になるためでしょう？」

「そうだね。みんな必死で頑張ってる。僕は最近の君もよく頑張ってたと思っている。その努力を無駄にしていいの？」

「……」

「じゃあ、医師を諦めたあと、君はなにがしたいんだい？　これまで医師の家庭で育ってきた君が、すべてを捨ててまで手に入れたいものってあるのかな」

市山が関目のほうを見た。

「とにかく、今はきちんと大人しくして自分の気持ちと向き合ったほうがいい」


水島が姿を消したのはその日の夕方だった。

関目が担当する高分子化学の授業を受けるはずが、教室に現れなかったのだ。連絡を受けた進藤は自習室に足を運んだ。南野と仙田の姿があった。市山は今日は自習室に現れなかった。

「なにか、思い当たることはありませんか？」

2人を呼び出して関目が尋ねると、仙田と南野が気まずそうにうつむいた。

「私が、市山さんに謝るように、って言ったの」おずおずと仙田が告白した。

「だって、テストの点が悪いから、って市山さんのせいにするのはひどいじゃない」

進藤は答えに困った。

「そういうんじゃないと思うけど」今度は南野が口を開いた。「今、なにがいちばん大切かをきちんと考えただけだろ？　水島くんは本気で医者になるためにここに来たんだ。市山さんの彼氏になるためにメビオにいるわけじゃないよ」

「でも……、人をそんなに簡単に切り捨てられるなんて、医者には向いてないと思う」

そう言って仙田がハッとした。

「まさか、それ水島に……」表情を引きつらせながら進藤が聞く。

「ごめんなさ……」

仙田が言い終わる前に、関目が言った。「とりあえず、原因は分かったので、一歩前進しました。行き先に心当たりはありませんか？」

南野と仙田は黙り込んだ。

「意外に寮に戻っただけとか」南野が口を開いた。

「それはない」進藤は言った。「寮に電話してみたけど、戻ってなかったよ」

「探しに行かなきゃ！」仙田が立ち上がった。

「闇雲に探したって見つかりません。いそうな場所の見当を付けないと」

「市山さんなら……」

進藤と関目は顔を見合わせた。

「僕は水島くんの判断は正しかったと思ってる」女子寮に向かう途中、関目が言った。「点数が下がったから別れを切り出したのは事実だろうな。でも、水島くんは自分が受験と恋愛を同時にこなせるほど器用じゃないことを知っていたから、そう決めたんだよ」

「でも、あいつならそれで市山があるなることも想像できましたよね？」進藤が尋ねた。

「誤解を恐れずに言うなら、そうだな。これから受験が近づくにつれて状況はますます過酷なものになっていく。そんななか受験と恋愛の両立なんて、よっぽどの器がないと無理だ。そのことも知っていたはずだ。それなのに、なぜ、市山と付き合うことにしたのか」

確かに、進藤には最近の水島が恋愛に逃げているようにも見えた。

「恋愛が無駄だとは思わないけど、今の彼らには、一生を懸けるに値する恋以外は無意味だ」

夏の夜の大阪城公園は草いきれでむせかえるほどだった。関目と進藤は本町通りから公園に入り、遊歩道をゆっくりと進んだ。２人が女子寮にいた市山に水島の行き先を尋ねると、彼女が真っ先に思いついたのが大阪城の野外音楽堂だった。

「オリンピック候補から外されたときに、頭が真っ白な状態で大阪城公園を歩いていたら、音楽が聞こえてきて。音楽堂に入り込んでそれを聴いているうちに寝ちゃって、起きたらなぜか、次は医者にチャレンジしよう、って思ったんだって」

彼女の言葉を聞いて、関目と進藤は大阪城公園の野外音楽堂に向かうことを決めた。

「生徒が逃げ出すことはたまにあるんだ」関目が言った。「今までにもそんな生徒を探してきた経験から言うと、市山さんの推理は当たっていると思う。悩んだときには同じ場所に行く可能性が高いので」

仙田と南野も一緒に行くと言い張ったが、すでに暗くなっていることもあり、関目は同行を許さなかった。

「進藤先生と2人で、必ず見つけますから」

月明かりに照らされて、野外音楽堂のベンチに座っている人影はすぐに見つかった。

角張った上体を揺すりながら、小さな声でブツブツと呟いている。

近づいて初めて、水島が耳にイヤホンを挿して、音楽を聴いていることに進藤は気づいた。ブツブツ呟いているわけではなく、目をつぶり歌を歌っていた。

「カウント10……」関目が呟いた。「竹原ピストルとは似合い過ぎだな」

彼の言葉を聞いて、進藤にも彼が歌っている曲が分かった。

カウント10はボクサーになぞらえて「もう一度立ち上がろう」と語るメッセージソングだ。

「水島くん……」

関目が呼び掛けると、水島は目を開けた。

担任講師がそろっているのを目にしてポカンと口を開く。

「なんで、ここが分かったんですか?」

「元カノのおかげです」関目が笑った。

「あの、すみません。ご迷惑をお掛けして」水島はうつむいた。

「寮に帰りましょう。それとも、もう1曲歌ってからにしますか？」

水島は黙したまま答えなかった。

「水島くんは医師になるべきですよ」関目が言った。「世の中にはいろんな患者がいて、いろんな病気があります。だから、勉強ができる医師だけじゃなく、いろんな医師がいるべきなんです。オリンピック候補だった医師なんて、すごく稀少です」

夏の夜風に反応したセミが関目の言葉に賛同するように一声鳴いた。

「僕はそんなふうに思えません」

「思えようが思えなかろうが、ちゃんと合格すべきです。合格するために市山さんの思いを断ったんですから、ここで諦めるのは無責任ですよ」

関目の言葉に、水島は驚いたように顔を上げた。「1人だけドロップアウトして楽になるのはズルいですよね」

「さあ、とりあえず寮に戻ろう」進藤は急《せ》かした。「明日も授業があるし、復習テストがある。早く帰って復習しないとダメだろ」

メビオに実在した医学部合格者のエピソード③

実は真面目な楽天家

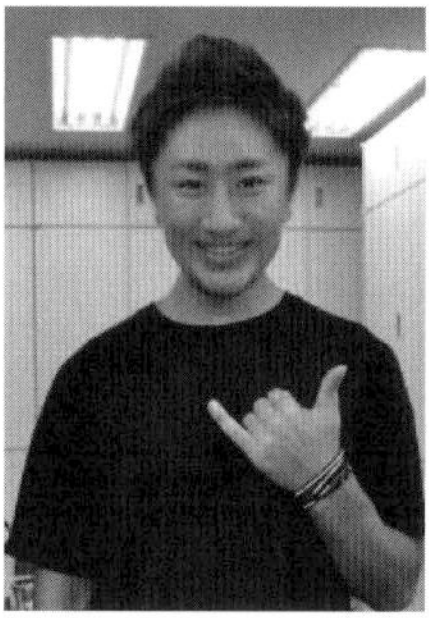

ちょっとお調子者で、明るい性格のAくんは、数ある医専予備校のなかからメビオを選んだ理由を尋ねられて、「ASさんが可愛かったから！」と言ってはばからない、なかなかの強者でした。「生まれて初めて勉強しています」というAくんの発言もあながち冗談や謙遜ではなかったようです。ちなみに、ASとは、メビオの生徒たちの生活を総合的にサポートするスタッフの呼称です。

楽しく高校3年間を過ごして、そのまま楽しくメビオでの浪人生活を始めたわけですが、良くも悪くも初心者そのもののAくんは、勉強に関してはその素直さを「良い意味で」活かして毎回の授業に臨んでくれました。物事に好奇心があり、頭を使うことに抵抗感がなく、さらには恥ずかしがらずに分からないことを質問する積極性がありました。講師陣も初めはAくんのノリの軽さに、「おしゃべりばかりして勉強できていないのでは」と不安も覚えました。しかし、根は真面目で、丁寧に授業の復習をしていることが分かると、化学の加治屋は「よくできたときに褒めてやるととても喜ぶ」Aくんに対して、「叱って伸ばすよりも褒めて伸ばすほうが効果的」と考えて指導をしました。長年の指導経験をもったベテラン講師が多いメビオでは、生徒一人ひとりの個性を的確に見抜いて、最適な指導を施すことができます。

Aくんの課題は、「経験不足」と、それに起因するであろう「要領の悪さ」、そして時に集中力が続かず授業中に寝てしまうことでした。各科目で講師はさまざまな手を講じて問題点の克服にあたりました。物理の和田はAくんが眠そうになると、入試とはあまり関係のない「宇宙論」など学問的に深みのある話題を織り交ぜて、Aくんの好奇心を引き出しました。英語の平沢は、「話し好き」なAくんの長所を活かして、大きく話の内容をとらえるための質問をAくんにぶつけ、説明をしてもらうことで、Aくんが「分かった」という実感をもって授業に臨めるように工夫しました。もちろん「分かったつもり」で終わったのでは意味がありません。「分かった」あとに必ず「どうしてそうなるのか」という論理的過程も併せて説明してもらうことで、知らず知らずのうちに理解を深められるように指導しました。実力テストでも立派に点を取れるようになり、Aくん自身「英語ができるようになった」と実感がもてたそうです。

夏からクラスが上がって、周囲の生徒が「自分よりよくできる」という状況が良い刺激になりました。上位校を目指そうという意識も芽生え、ほとんどゼロからのスタートだった物理でも、むしろ得点源にしてやろうという意気込みを見せてくれました。もともと好きな科目であった数学でも、基本の定着していない分野が多くあり、授業にかろうじてついていくという状況が続くこともありました。しかしAくんは決してそこで投げ出したりせず、地道な努力と復習で少しずつ苦手分野を克服しようと取り組みました。メビオでは、ほぼすべての科目で秋から既習範囲の復習を目的とした演習を行いますが、これが苦手分野という穴を埋め、足元をしっかりと固めることに大いに役立ちました。各講師は「まだまだ伸びる」と発破を掛け続け、Ａくんもそれに応えて自分でも知らないうちに得点力をつけていきました。

迎えた入試本番、愛知医科大学、金沢医科大学、川崎医科大学、帝京大学医学部と順調に結果を出して、目標としていた関西医科大学にも合格、さらには久留米大学医学部には首席合格という快挙を成し遂げました。久留米大学進学後も第二の故郷のようにメビオに遊びに来てくれますが、そのたびに海外での興味深い体験談などを聞かせてくれます。

（２０１２年　久留米大学医学部進学）

第3章　秋――挫折

8月28日　クラス分け発表と団体戦

8月最終週、第3回の実力テストが実施され、その晩、後期からのクラス編成を決定する主任講師ミーティングが行われた。

8月になれば、講師たちは生徒の実力や個性をほぼ把握できているものの、少しでも合格の可能性を高めるために最適な解を追求する。このため、いろいろと調整を続けることとなり、クラス分けの議論は半日以上掛かった。

生徒への発表は時間割表を渡すことで行われる。渡された時間割表の内容が同じなら同じクラス、というわけだ。だから、時間割表を受け取ると、生徒たちは大急ぎでまずクラスメイトと照らし合わせる。

教室のあちこちで悲鳴や喜びの声が上がるなか、進藤はぼんやりと考えごとをしていた。

（本当にあれで良かったんだろうか……）

※英語・数学は200点満点、化学・生物は100点満点

メビオの平均点　英語104・13点　数学108・94点　化学47・56点　生物50・68点

合計311・31点

南野　英語89点　数学90点　化学43点　生物35点　合計257点
　　　校内総合偏差値44・3
仙田　英語75点　数学66点　化学34点　生物31点　合計206点
　　　校内総合偏差値36・4
市山　英語84点　数学45点　化学35点　生物34点　合計198点
　　　校内総合偏差値35・7
水島　英語66点　数学70点　化学31点　生物42点　合計209点
　　　校内総合偏差値36・9

今回のクラス分けでもタートルズのメンバーが入れ替わることはなかった。

体調を崩した仙田、破局した水島と市山の結果は惨敗。南野はわずかながら順位を伸ばしていた。

水島と市山は別のクラスにしたほうがいいのでは、と進藤は会議で意見した。それまで、成績が悪くても前向きだった水島が市山との関係を清算して以来、暗い顔をしていることが気掛かりだったためだ。

「医師になりたい、という気持ちが強い分、自分が医師に向いているのかどうかを考えたことがなかったんだろうね」関目は彼の心情をそんなふうに分析していた。「でも、今のほうがいい顔をしているじゃないか」

水島がいい顔をしているかどうかは進藤には分からなかったが、市山の変化には気づいていた。もともと熱心に勉強するタイプではなかったが、一時は水島の小まめな声掛けで、勉強に関心が向いていた。

別れてからは、さすがに水島が市山に声を掛ける機会も減り、市山は一時期投げやりになっていた。

「だからこそ、同じクラスにする必要があるんです」関目はそう主張した。

「本当に？」

進藤が尋ねると、関目は強くうなずいた。

2人のことをいちばんよく知っている関目に反対する講師はいなかった。恋愛関係にあったことを脇におけば、成績的には2人ともこのクラスが妥当なのは事実だったからだ。

あとの2人、南野と仙田には別の問題があった。成績だけなら、2人とも中の下くらいのクラスが適当だ。そんな彼らを今のクラスにとどめるためには、本人はもちろん親やほかの生徒、講師たちを納得させる理由が必要だ。

だが、関目のなかにある理由はこれまで1000人以上もの医学部受験生と密に接してきたベテラン講師だけがもつ経験に基づくものであり、進藤にも共感はできない。ましてや、生徒たちやその親たちを納得させるのは難しかった。

実際、クラス分けの結果が分かると、珍しく南野が大きな声を上げた。「なんでですか！」色白の顔は紅潮しており、握りしめた拳がブルブルと震えている。

「どうした？」慌てて進藤は声を掛けた。

「水島さんや市山さんとまた同じ？　僕の点数はそこまで悪くはなかったと思うんですけど」

進藤が説明に窮していると、関目が口を開いた。「みんな、クラス替えのために勉強しているわけではないですよね」

「それは、そうですけど、真ん中より上のクラスでないと、合格できないんでしょ？」

「そんなことはありません。メビオでどのクラスに所属していたか、なんてことは受験では評価されませんから」

「でも、頑張った結果を評価してもらえないと、やる気が下がります」仙田が言った。「またいちばん下のクラスだったなんて、お母さんに言えません」

すると、関目が少し厳しい口調で言った。

「このクラスはいちばん下のクラスではありません。少なくとも、南野くんや仙田さん、それに水島くんや市山さんにとってはいちばんのクラス――いちばん学力を伸ばせるクラスだと私は確信しています」

関目は会議でも同じことを言って最後まで譲らず、「4人とも合格させてみせる」と言い切って、ほかの講師を黙らせた。

「関目先生を信じてくれ」進藤は言った。

彼自身、共感も理解もできないが、関目が間違っているとは思えなかった。そのことをなんとか伝えたくて、懸命に語り掛けた。

「もしかしたら、君たち自身も合格できると信じていないかもしれない。正直に言うと、僕も医学部受験予備校で働くのはこれが初めてだから、言えるのは講師としてベストを尽くすということだけだ。合格させてやる、と自信をもって約束することはできない。でも、関目先生は違う。彼だけは君たちを合格させるつもりでいるし、できると信じているんだ」

進藤の言葉に4人は黙り込んだ。

希望の兆しが見えないまま、夏が終わろうとしていた。

9月12日　保護者面談会――疑念と信頼

保護者面談はメビオ側の説明から始まる。

生徒の学力や勉強の進み具合などについて、各科目の担当講師が詳しく解説したあと、担任の講師が現状を総括するのだ。

9月の面談ではさらに、入試の日程についても説明をする。

「すでにお送りしましたが、これが次年度の入試日程です」机の上に置いた一覧表を関目が示すと、南野の母親は身を乗り出すようにして見入った。

穴が開くほど真剣に凝視しながら、膝の上で組んだ指をモジモジと動かす。その仕草が息子にそっくりなのに気づいて、進藤は密かに感動した。

（理解が難しい英文を読んでいるときの南野だな）

関目が日程表の見方を説明し始めると、父親が大学名を確認しては持参したメモと照らし合わせ始めた。

これまで2回の保護者面談には姉が来ていたが、今回は受験校の選択について相談しなければならないこともあり、両親がやって来た。

年齢差があるうえ、はるかに頭がよくしっかり者の姉の前では、借りてきた猫というより招き猫のように南野は硬直していたが、父親と母親にはわがままが言えるようで、終始リラックスしていた。

「九大はいつなんですか？」不意に母親が言った。

進藤は胸の内で小さくため息をついた。

九州大学の医学部は、国内にある医学部では十指に入ろうかという難関だ。国立大学なので、本格的な記述問題への対策も必要になる。

南野が受けるのは無謀だし、そのために私立大学の受験では必要がない科目の勉強をすることになる。

「九州大学は良い大学ですね」関目は穏やかに相づちを打った。そのうえで九大を受けるためには共通テストが必須であり、地理・歴史や公民など、今は勉強していない社会科の科目も学び直す必要があることなどを伝えた。

「今から地理や歴史を勉強するのは効率が悪いと思うんだ」南野自身もそんなふうに補足した。

成績のほうがより大きな問題だが、それは口にしない。

「もう少し、現実的な目標をもつべきなんでしょうな」呟くように父親が言った。

「ここからの頑張りがとても重要です」

関目はそう言うと、希望する大学を南野本人と両親に尋ねた。南野自身にはすでに志望校リストを出させてあるが、改めて親と一緒の席で言わせることに意味がある。

彼のリストにはかなりの高望み傾向が見られた。例えば、ある地方の私立医学部は志望校に入っていなかった。

「そういった大学は都会から離れているからね」数日前、進藤が南野の志望校について意見を求めると、関目はそう言って笑った。

興味を惹かれた進藤はグーグルのストリートビューで調べてみた。周囲には緑が多く、ビルと呼べるような建物はほとんど見当たらない。英語で褒め言葉を探すとしたら「peaceful（のどか）」といったところだ。「grand（華やか）」とは対義語に近い。

南野を含め、たいていの生徒は都会での華やかな大学生活を夢見る。

学力的にはまず、入りやすい大学を選ぶべきなのだが、医学部生として楽しみが多いきらびやかな毎日への希望がとても強いのだ。

「順天堂大学はどうなんでしょう?」南野の母親が尋ねた。

さすがに関目も一瞬、答えに詰まった。それでも「本人の頑張り次第です」と真顔で答えた。

息子が大学生活の楽しみ重視の高望みなのに対し、母親が名前を挙げるのはいわば「ハイブランド」の大学ばかりだった。ただ、そんな家族のなかでも、父親は厳しい現実を認識していた。

直近で行われた全国模試では地元九州の私立医学部もE判定だったことを知ると「あと3年くらいかけてようやくですか」とあっさり言った。

「諦める親には気を付けて」

進藤は関目からそう教えられていた。

成績が悪いことを知ると、頭のいい親ほど、確率で物事を理解しようとする。

すい臓がんの5年生存率が20%というのは、5人に4人は5年以内に亡くなる、ということだ。同様に、模擬試験のE判定は合格率が20%以下という評価を意味する。つまり、5人受験したら4人は落ちるということだ。

医師にとって、こういった数字は理解しやすいので、末期がんになった医師の多くは苦痛の大きな治療を選ばない。

「受験についても同じ考え方をするから、親が諦めるのを絶対に止めなければいけないんだ」関目はそう言った。

「なぜですか？」

「親が諦めたら、子どもは楽なほうに走るから。張り詰めていた気持ちが切れてしまい、必死で勉強し続けられなくなるんだ」

確かに、南野はなにげないふうを装っているが、少し気の抜けたような表情をしていることに進藤は気づいた。

「E判定は確かにショックです。でも、逆に言えば、20％というのはずいぶんいい数字だと思いませんか？」南野の父親に関目は語り掛けた。「1校しか受験できないなら、そう思うのは難しいでしょうけど、例えば、2割の学校を10校受験して、1校も合格しない確率は約10％です。つまり、どこか1校以上に合格する確率は90％もあるんです」

「本当に？」問い返したのは南野本人だった。

「本当です」関目が間髪を入れず、力強く答えた。

もちろん、学力が物を言う受験はダイスを転がすのとはわけが違うので、数学的な手法で算出した確率がそのまま当てはまるわけではない。

そのことは南野も理解しているはずだが、彼の童顔の瞳に少しだけ光がよみがえった。

水島友昭の保護者面談にやってきたのは父親だけだった。自身もかつては柔道家であり、見るからに肝の据わった豪胆な人物であった。

　関目が志望校選びの説明をしようとすると、面倒くさそうに分厚い手をバタバタと振った。

「受験もこれで3回目だから、だいたいは分かってますよ。先生がたがいいように組んでくれるのも知ってます。でもそれより、こいつ、受かりますかね？」

　単刀直入の質問に関目はうなずきを返した。「もちろん、合格してもらいます」

「その割には暗い顔をしているのはなんでだ？」

「あれこれ、悩むこともあるんだよ」

　水島の言葉に、父親はギロリと目を剥《む》いた。「悩みなんてないだろ。そのために寮で生活を管理してもらって、おまえの１２０％を勉強につぎ込めるだけの環境をつくってもらっているんだから」

　水島は唇を噛み締めてうつむいた。

　もともと、リーダーとしての資質があるうえ、クラスのなかではいちばん年上だった彼は自然とクラスのまとめ役を務めた。癖の強いクラスメイトがどうにか仲間意識を築けたのは彼がいたからだ。

　そんな水島だったが、市山との恋愛騒動以降は顔色が冴えず、ほかの生徒と関わる機会も減っていた。ようやく学力の基礎を固められたようだ、と勉強を教える講師陣は評価しているものの、成績が上向く気配は見えない。

「ここにいて、本当に合格できるのか？」

父親に尋ねられた水島は答えることができなかった。

「ご不安な思いをさせてしまい、たいへん申し訳ありません」関目が言った。「模試では確かに成績が伸びていませんが、学力はずいぶん向上しました。確認テストの出来を半年前と比較すれば、友昭くん自身も実感できるはずです」

水島の目に小さな光が灯った。「それは確かに！」

「どうする？　ほかの予備校に行くか、それとも家で家庭教師でも頼むか。お前が選べ」父親に言われて、再び水島が固まる。

「今年で最後だって約束だから、勉強の方法はお前が選べ。その分の金は出してやる」

しばらく黙り込んだあと、水島は関目に向かって頭を下げた。「僕は先生を信じます。よろしくお願いします」


仙田の父親がいちばんに心配したのは娘の体調だった。

夏場に倒れたあとはちゃんと睡眠時間を確保させ、食事もなるべく残させないよう、関目と進藤は目を光らせた。ただ、それでももともと夏バテする体質らしく、自己申告によると体重が2キロ減っていた。

「あのままだったら、夏を乗り切れなかったと思うから、先生たちには感謝してます」保護者面談の直前、仙田はそう言って頭を下げた。

「大丈夫なのか?」

父親は何度も娘に体調を尋ねた。

心配のあまり、その場で診察を始めそうだったが、それを母親が止めた。「大丈夫よね。倒れてる場合じゃないんだから」

やる気があるのは講師全員が認めている。それと同時に、やる気がプレッシャーとなって彼女を押しつぶしてしまうのではないか、と心配していた。

「今年はできるだけたくさんの大学を受けるの」決定事項を告げる口調で母親が言った。「数を受けて受験に慣れて、確率を上げていくしかないんだから」

「しかし、体力的な面にも配慮しないと」父親が横から言った。「寒い季節に疲れが出ると、この子はすぐに扁桃腺にくる」

「そのあたりは、メビオの先生がたがちゃんと管理してくれますよね」

母親の言葉に関目がうなずき、進藤もそれにならった。

厳しい目で娘を見つめながら、母親が言った。「食べさせるものにだって気を付けてきました。少しくらいつらい受験でも、健康の問題で結果が悪くなったりはしないはずです。成績だって、ここからもうひと踏ん張りもふた踏ん張りもして、伸ばせるのよね? そうよね?」

「はい。お母さん」うなずき、答えた仙田の声がかすれていた。

「ほら、大丈夫じゃない」夫のほうを向いて、仙田の母親は笑みを浮かべた。「お兄ちゃんと違って、志帆は本当にいい子なんだから」

「お兄ちゃんからのメールに書いてあったけど、今コンゴにいるんだってね」

「あれはあれで、活躍してるようだな」複雑な表情で父親がうなずいた。

「くだらないメールなんて見てる暇があるなら勉強しなさい」母親がピシャリと言った。「あなたにそんな時間はないはずよ」

「でも、お兄ちゃんがどうしてるのか、気になるから。お母さんだって心配でしょ」

「私たちのことを心配しない息子をどうして私が心配しないといけないの」母親は言い切った。

「仙田病院を継ぐのが使命だったのに、その役割を果たす気がないのなら、いないのと同じよ」

「医者になれなかったら、私も同じってこと？」

慌てて父親が答えた。「そんなことはない。こんなにすばらしい環境で頑張っているんだ。今年は必ず合格できるさ」

答えになっていないことに進藤は気づいた。関目も気づいたはずだがなにも言わない。

仙田はそれ以上、両親に話し掛けなかった。

だが、帰っていく両親を見送る彼女のまなざしがドンヨリと濁っていることに進藤は気づいた。

「こんな成績で合格は無理かなぁって……」市山は両親にそう告げた。

　他人事のような娘の言葉に、父親と母親は顔を見合わせてため息をついたが、それでもどこか表情は明るかった。

　彼女自身は気づいていないかもしれないが、関目も進藤も市山が少し変わったことを感じ取っていた。マイペースなのは同じでも、以前は破滅的で完全に自己中心的だった。今は人に対する気遣いがある。

「とりあえず、おまえがまともな人間に近づいただけでたいした進歩だ」父親が言った。

「メビオの皆さんには本当にお手数をお掛けしてしまって申し訳ありません」母親もそう言うと、関目に向かい深々と頭を下げた。

「ちょっと、頭なんて下げなくていいよぉ」慌てて市山が言う。「まだ合格できたわけじゃないんだから」

「確かにそうですね」関目が真顔でうなずいた。

「でも、遅刻しないで授業に出ているんですよね？」父親が尋ねた。

「そうですね。誓約書を書いてからは、無遅刻ですしズル休みもありません」

「すごいな、日世里！」

「あとは、成績が伴ってくれたらいいんだけど」母親がため息をつく。「作文はあんなに得意だったのに、ほかの教科はなんでダメなのかしら」

「英語の成績には国語能力が生きてます」進藤が説明した。「だから、問題文が複雑なほうが、偏差値が上がる傾向が見られます」

英語の場合、市山は単語力がまったく足りていないが、もともと高い言語能力で、それを補えることが少なくなかった。知らない単語があっても、文章の大意をつかむことができるのだ。

(大まかに理解した意味を丁寧に解答に落とし込む根気があれば、もっと成績は伸びるはずだ)

進藤はそう分析していた。

伸びしろはもしかしてクラスでいちばんかもしれない、と関目も密かに評価している。

進藤がそのことを伝えると、市山がクスクスと笑った。「ええー、なんで、そんなに褒めるかな? あ、進藤先生、もしかして私を狙ってる?」

背中に嫌な汗が噴き出すのを進藤は感じた。

「あのな!」

ムキになりかけた進藤を制して、関目が口を開いた。「市山さん、まだ一校も受けてないうちから、全敗を決めないでください」

「そうだぞ、日世里」父親が同意する。

「少なくとも、私と進藤先生は全員合格させることだけを考えて、日々、仕事をしています。お父さまお母さまも市山さん自身も、私たちと同じ思いを共有してください」

「もちろんです!」母親がうなずいた。

「国語ができる子はここからの一発逆転があり得ますから」

「奇跡が起きるかも、ってこと?」市山が首をかしげた。

「奇跡じゃありません。ちゃんと合格を狙って、受験スケジュールを組み、それに合わせて、ベストのカリキュラムを組みます。だから、一見すると奇跡みたいな急成長をする生徒が、毎年いるんです」

「奇跡じゃない奇跡……期待してるからね、先生」

「それは逆です。起こすのは市山さんですから。私たちがあなたに期待しているんです」

関目が言うと、市山が照れくさそうに笑った。

9月20日　一般入試ガイダンス――分析と出願戦略

医学部に合格するために最も必要なのは学力である。だからこそ、医学部受験予備校では1年という限られた時間のなかで生徒の学力を精一杯伸ばせるよう、工夫を重ね情熱を注ぎ込む。

ただし、学力が十分に備わったからといって、合格できるわけではない。学力では上位の生徒がどこにも合格できず、下位の生徒が合格を勝ち取ることは珍しくない。

医学部合格には学力以外に「出願戦略」という重要な要素があるからだ。

受験する年度の入試スケジュールを見据えて、最も合格する確率が高くなるよう、いつどの大学の試験を受けるのかを決めるのが「出願戦略」である。メビオでは生徒一人ひとりの成績や得意不得意も考慮しながら、できるだけたくさんの大学を受けられるよう、毎年、緻密な戦略を立てる。

各大学の入試日程は9月半ばまでにほぼ出そろうので、それを受けて、9月の下旬には出願に関するガイダンスが行われる。


大阪市内にあるオフィスビルの会議室を借りて行われたガイダンスは盛況だった。生徒だけでなく、保護者の参加も多く、コロナ対策のために人数制限をかけたせいもあり、会議室はほぼ満席（※）になった。

「僕が働いていた予備校では、もっと早くに受験する大学を決めさせていましたけど、メビオは遅いんですね」横に座る関目に進藤は尋ねた。

「たいていの予備校は志望校を先に決めさせて、試験の傾向に合わせた授業を行うことで、合格率を高められる、と考えているんだけど、医学部受験ではそうはいかない」

大きなスクリーンに映し出されたスケジュールを見ながら関目が続ける。

「まず、試験問題の傾向がいきなり変わってしまうことが珍しくない。過去の問題傾向を参考に偏った授業をして、もし予想が外れていたら？　その生徒は1年を棒に振ることになる。あらゆる問題に対応できる本物の学力を身につけたうえで、できるだけたくさんの大学を受験したほうが、合格率は高いんだ」

※現在は会場を分散させて、1会場あたりのキャパシティの半分以下になるように実施している。

図表2　一般入試スケジュール

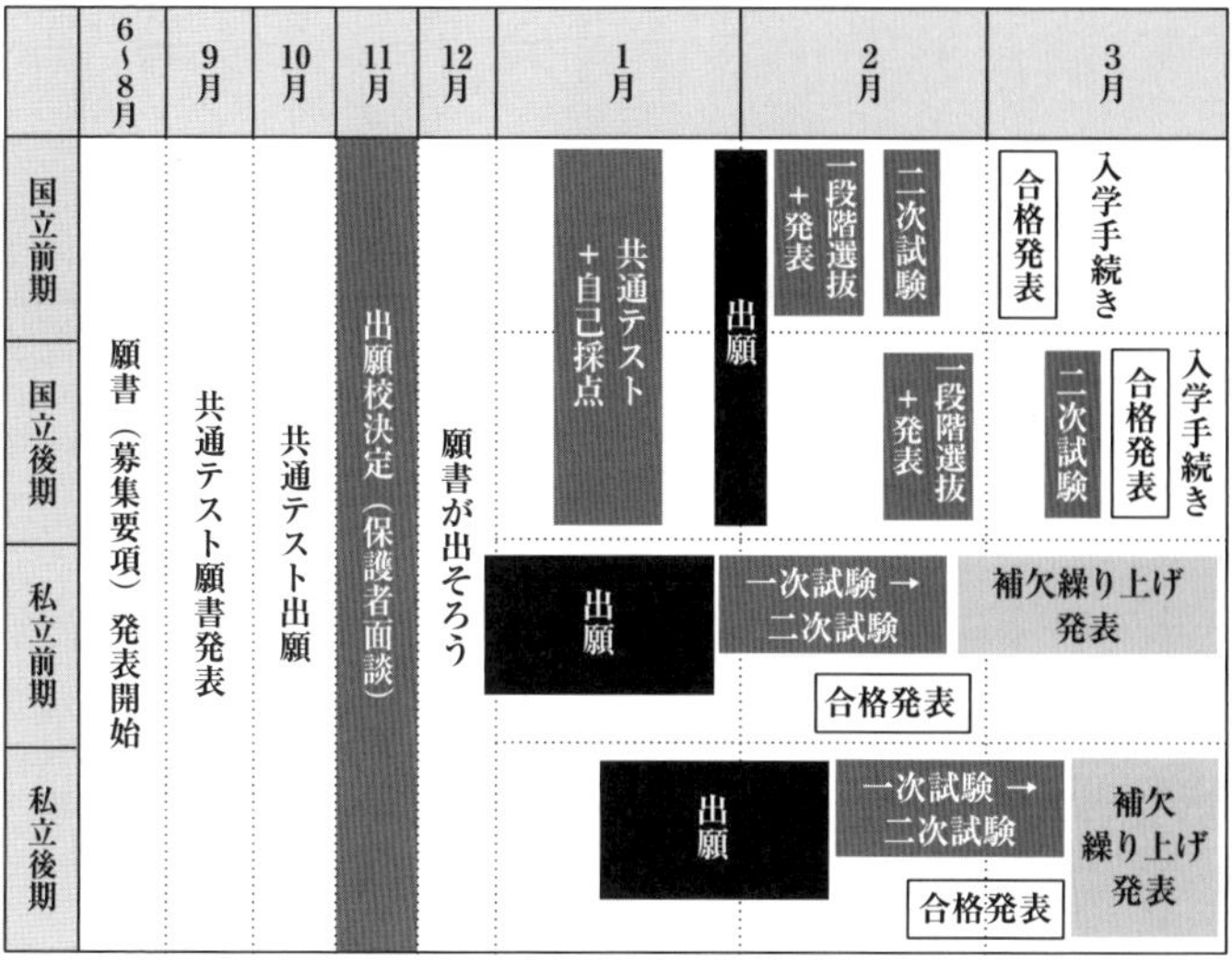

閑目が語り終わるとすぐ、化学科の大島がマイクを握って登壇した。

エネルギッシュな司会は、どちらかといえばパフォーマンスに近いほど軽快だった。

「知らないところに行くときには地図を見ますよね。ある程度、道が分かっていると、効率的に準備できるからです。それと同じで、これから入試に向けて、どういうスケジュールで我々が動いていくのかをあらかじめしっかり知っておこうというのが、このガイダンスの目的です」

最初に説明されたのは一般入試のスケジュールだった。

各大学の募集要項が発表された時点で、願書も用意される。最近では、オンラインで出願できる大学も多いが、なかには日本医科大学や東京慈恵会医科大学、岩手医科大学など、個別に願書を取り寄せて手書きで記入し、郵送しなければならない大学もある。

共通テストについては9月に願書請求の受け付けが開始され、10月には出願となる。

「皆さんが実際にどの大学を受けるのかは、11月の実力テストが終わってから決めます。11月の保護者面談では各科目担当講師の意見を参考にしてもらって、11月の初旬から12月の初旬くらいまで、約1カ月をかけて受験する大学を決めていきます」

1月にはいよいよ願書を提出するのだが、入試はその時点ですでに始まっている。

大学によっては医師を志望する動機やその大学で学びたい理由などの記入が必要なケースがあり、100〜800文字程度の文章を求められることもあるが、小論文テストでは100文字あたり10分程度の時間を設定しているので、それに照らすと80分もかかることになる。

「試験直前で、勉強に集中したい時期に、それだけの時間を取るのは大変なので、願書はできるだけ早いうちに書いてください。具体的な書き方については専門の森先生にうかがいましょう。例えば、大学の志望動機に福岡はラーメンがおいしそうだから、なんて書いたらどうなりますか?」

大島からマイクを渡された森は小さく笑って、答えた。「二次面接で確実に『それだけ?』と突っ込まれます」会場が沸いた。

「ですから、願書を作成するときには二次面接に挑む気持ちで書く必要があります」

もう一つ、難しいのが受験のスケジュール調整である。

大学のなかには、出願日によって二次試験の日取りが決まるところがある。川崎医科大学と東京女子医科大学がそうだ。早めに出願すれば1日目、遅めだと川崎医科大学は3日目になる。

また、出願日によって試験会場が変わってしまう大学もある。東海大学や藤田医科大学などは、早めに願書を出さないと大阪会場での受験ができない。移動が増えたり、ホテルを取り直したりといった作業は手間も掛かるため、適切なタイミングですぐに出せるようにしておくことが欠かせない。

次に大島がマイクを渡したのは講師部部長の一橋だ。

「まず、国公立大は全国に50校あり、共通テストの自己採点に基づいて、どの大学を受けるか決めていきます。国公立入試は、前期、後期と分かれており、出願できるのは各日程1大学のみ。大学によって配点の偏りがありとても複雑ですが、それをうまく利用すれば共通テストの結果にそくして有利な大学を選ぶことができます」

メビオでは、共通テスト終了後、生徒一人ひとりに対して講師5～6人という体制で、適しているる大学はどこなのか考えていく。

大島が続けた。

「ちなみに、私立大学のなかにも共通テストを利用する大学があります。自己採点では国公立に

図表3　受験日程

日程	1月													2月			
	19	20	21	22	23	24	25	26	27	28	29	30	31	1	2	3	4
一次試験	愛知	岩手・国際	藤田Ⅰ	杏林	東北医	川崎・北里	聖マリⅠ・自治（学力）	帝京・自治（面接）	兵医AB・帝京・東邦	東女・帝京・獨協	獨協	関医Ⅰ 共通テスト②	近大Ⅰ	久留米Ⅰ	自治（面接） 福岡・日医Ⅰ・東海	順天AB・東海	金沢Ⅰ
二次試験									国際	愛知・国際	愛知・藤田Ⅰ・岩手・国際	北里・藤田Ⅰ・岩手・国際	北里・国際	北里・川崎・国際	杏林・川崎	杏林・川崎・帝京	東邦・帝京

は届かない点数だった生徒が獨協医科大学や杏林大学に出願したら合格した、というケースが過去にはありましたから、共通テスト受験者はぜひ、出願してみてください」

　プロジェクターの画面が私立大学の一般入試に切り替わった。

　再び大島が一橋からマイクを受け取り、説明を始める。

「私学の一般入試について説明します。一次試験は通常、英数と理科2科目で選抜され合格者は定員の4～5倍程度です。ただし、なかには受験科目に特徴がある大学も見られます」

　例えば、帝京大学では英語は必須だが、それ以外は国語、数学、理科から2科目を選択して受験する。しかも受験の日程は3日あり、3日連続で受けても1日だけでもいい。

2日以上受けた場合、いちばん点数が高い日の成績が採用される。3日間のうちには難易度に差があるので、3日とも受験できれば合格の確率を高めることができる。

「東海大学の受験科目は英語と数学、それに理科1科目ですが、理科は物理・化学・生物のどれにするのか問題を見てから選べます。数Ⅲが苦手な人には近畿大学という選択肢もあります。藤田は小論文がありませんし、東邦は小論文の代わりに基礎学力テストのみとなっています」

東北医科薬科大学や獨協医科大学、自治医科大学、日本大学などでは、理科の配点が半分もある。そうした大学を受けるなら、直前に理科を伸ばして差をつけるという方法もある。英語や数学は時間をかけてコツコツと力をつけないと点数は取れないが、化学や生物は入試直前に詰め込むことで、得点を伸ばすことができる。

「一次に合格すると二次試験に挑むことになります。ほとんどは小論文と面接ですので、専門の森先生、お願いします」

マイクを受け取った森が説明を始める。

「小論文ですが、ほとんどの大学では、先ほど説明したとおり、60分で600～800文字となっています。最近ではワークライフバランスやノーベル賞受賞者のコメントなどの時事ネタが出題されることもあります。その意味で、今年はコロナについての出題がどうなるのか、推薦入試の動向に注意しておく必要がありますね」

そのほか、個人面接では志望理由や高校生活、医療についての考え方などについて尋ねられたり、集団面接でグループディスカッションを行ったり、与えられた課題についてその場で具体的な解決策を示すよう求めるＭＭＩ（マルチプル・ミニ・インタビュー）（※）を行ったり……。そのため、直前で焦らないよう、夏、秋からしっかりと対策を打っておく必要がある。

メビオでは一次合格者全員に二次対策を実施するが、入試のシーズンは全国のあちこちに生徒が散らばっているため、二次試験対策の場所や日時は状況に合わせて設定している。

森が語り終えると、大島はマイクを受け取り、プロジェクターの画面を切り替えた。

「続きまして、受験校の選び方について解説します。これは非常に難しいので上畑先生に丸投げしようと思います。では、よろしくお願いします」

クスリと笑うと、上畑が引き継いだ。「それでは、皆さんがいちばん興味のある、どう出願するかという戦略について説明します。もう、今年で受験生なんておしまいにしたいですよね？　そこで、どうやったら合格の確率を上げられるか、一緒に考えてみましょう」

まず、意識すべきは入試シーズン中も勉強を続けることである。この間に勉強を重ねれば、取れる点数はどんどん伸びるので、とにかく意識的に勉強時間をつくる必要がある。

そこで重要となるのが移動効率である。

効率を考えるうえで重要なのが、二次試験が同じ日にならないようにスケジュールを組むこと。

※藤田医科大学・東邦大学などで実施されている。
例えば、藤田医科大学では、質疑応答ではなく、特定のシチュエーションが文書で与えられ、１分間でそれを読んだあと、５分間で具体的な対処方法を口頭説明することを求められる。大学入試改革において近年、人物重視の傾向が強まっていることを象徴する面接の形式。

2021年のスケジュールを見ると、1月19日の愛知医科大学を皮切りに、2週間にわたって休みなく入試が行われている。1月末から2月初頭にかけては、一次試験の日程が何校も重なるうえ、二次試験まで始まるので、効率的に受験するスケジュールを考えるのは至難の業だ。

「そこで、メビオでは標準的なパターンを二つ考えてみました。最初に提案するのは大阪での受験を主体とするパターンです。今年は新型コロナウイルスの感染を避けるために、できるだけ移動を抑えたいところなので、このパターンを選ぶ価値は大きいと考えます」

プロジェクターの画面を切り替えると、新たな表が現れた。こちらは同じ日に重なっていた大学が整理されている。

「まず20日ですが、岩手か国際かという選択では、国際よりも岩手に向いている生徒が多い、と判断しました。27日の兵庫医科大学か帝京かは悩ましいところですが、ここでは兵庫医科大学を選択しました。関東の受験生は箱根関を越えたがらないという法則があるので、兵庫医科大学のほうが競争率が低いと判断したためです。

入試日が重なっている大学を選ぶ際にはほかにもいくつか基準があります。例えば、浪人生の場合には理科の配点割合が高い大学を選択するのがおすすめです。理科は特に現役生と既卒生の差がつきやすい科目だからです。

また、科目の得意不得意で選ぶのもありですが、癖のある問題が多いなどの特徴に配慮して選択する必要があります。

2月2日は福岡大、3日は東海大を選びました。いずれも同日に試験がある東海大、順天堂大に比べて合格の可能性が高いためです」

入試日が重なっている大学の選び方を説明したあと、上畑は大阪主体パターンは移動が少ないことが特徴だ、と告げた。東京会場での受験が必須の大学が含まれる場合には、その大学のスケジュールから組み立てているためだ。

「今年はもう一つ、コロナ収束パターンというのも作りました。コロナが収束して、移動のリスクがなくなった場合には、東京受験を視野に入れることで、より受験できる大学を増やせます」

「日程表を見て分かるとおり、コロナ収束パターンと大阪主体パターンが異なるのは、1月25日もしくは28日から2月8日まで、長い東京遠征が組まれていることです。大阪主体パターンでは受験しない聖マリアンナ医科大学や久留米大学、東京女子医科大学や埼玉医科大、日大なども受験できるので、その分、チャンスが広がります」

その後はインフルエンザや大雪で移動ができなくなることなど、想定外のトラブルは避けようがないため、トラブルがあってもチャンスがたくさん残るよう、なるべくたくさん出願するというのがアナログながら重要であるとして、ガイダンスが終わった。

「3月末に楽しい祝賀会を迎えられるよう、あと100日、全力疾走で頑張りましょう!」

９月21日　限りある資源——受験生の時間と体力の使い方

寮の自室に戻った南野はスマホを取り出し、２年前からはまっているＳＮＳゲームを立ち上げる。

以前は１日に２時間も３時間もプレイするのが普通だったが、最近では１時間以内に抑えるようにしていた。ＳＮＳゲームは単にプレイを楽しむだけではなく、そこで知り合った人たちとの交流を楽しむものだ。

本名も顔も知らない人たちだが、その分、心置きなくチャットで話せる。ストレスだらけといえる毎日のなかで、南野にとってはホッと一息つける場でもあった。

それだけに、ついつい時間を取られてしまう。

「頑張ってるつもり、じゃダメなんだよな」

ゲームのトップ画面が表示される前に、南野はそれを止め、ＳＮＳゲームのアイコンに指を置いた。

２年分のデータが詰まったアプリだ。いろいろな人と知り合い、毎日のように楽しんできた。ゲーム内で出会った女性（おそらく）と淡いが甘い恋愛関係を築いたこともある。一種のクラブ活動に近いかもしれない。

最近では時間をずいぶん減らしているが、それでも毎日のぞいてはいる。「気分転換になるから」と自分自身に言い訳しながら。

1日あたり30分でも、1週間にすれば3時間半、1カ月なら15時間になる。自習時間に充てれば4日分以上だ。

「4日かぁ」思わず声が出た。

ゲームをやめれば、その時間を勉強に充てることができる。南野はゲームのアイコンをタップするのではなく、長押しした。最後に一瞬だけ迷ったが、削除ボタンを押すと、ゲームのデータはあっけなく消えた。

机の前に座り、化学のテキストとノートを取り出した。

今までは授業中に解けた問題はノートの文字を目で追うだけで済ませていたが、最初の問題から1問ずつ解いていく。

そうすると、不思議なことに、ホワイトボードの前に立つ関目の姿が南野の脳裏にありありと浮かんできた。色違いのペンを持ち、教えるというよりも一人ひとりに語り掛けてくる。

時折交えるジョークまで思い出しながら、南野はテキストの問題を丁寧に解いていった。

背中の筋肉痛に、ふと我に返ると驚くことに2時間が過ぎていた。これまで、そんなふうに集中して勉強できたことはなかった。

「全集中、化学の呼吸……ってね」フッと一人で笑うと、南野は背中を伸ばし、大きく息を吐いた。

SNSゲーム以外にも、生活のなかで無駄にしている時間はある。

（それらを見つけて、勉強に充てれば、成績アップが見込めるはずだ）

上位クラスには食事をしながらテキストを開いている生徒もいる。勉強に熱中するあまりお箸でページをめくっているのを見たこともある。「そこまでやるか」と南野は半ばあきれていたが、彼らと自分を比べたら、春に笑っている確率が高いのは彼らのほうだろう。

「トイレにも単語帳を置こう」南野は呟いた。

時間と体力が限りある資源であることに、初めて彼は気づいた。時間についてはすべての受験生が平等に活かせる資源だから、それをなるべくたくさん勉強につぎ込めたものが勝負に勝つのだ。

体力については幸いなことに南野には問題がない。水島のような体力はないが、昔から病気をしたことはほとんどない。自分が恵まれていることを強く感じる。

医学部入試が始まるまで、あと4カ月ほどだ。その間、時間と体力のすべてを勉強につぎ込むことができれば、合格が見えてくるはずだ――南野は医学部受験を続けてきた3年間のなかで初めて、努力が希望につながるのを感じた。

「よし、今日はあと3時間。1時まで机から離れないぞ」

自分にそう言い聞かせると、南野は英語のテキストとノートを開いた。

9月30日　ヒーローになりたくて

入試ガイダンスが終わった頃から「タートルズ」と呼ばれた4人の雰囲気が変わった。

「なんだか、みんな表情が厳しくなった気がします」

進藤の言葉に関目がうなずいた。「ガイダンスを受けると、いよいよ本番が迫っていることを肌で感じるようになるからね」

もともとコツコツと勉強に励んでいた水島は、さらにわずかな時間を惜しんで勉強に充てるようになった。常にテキストや単語帳を持ち歩いて広げている。廊下や階段を歩くときですら、なにか読んでいるので、彼の名前を知らないほかのクラスの生徒から「ニノミヤくん」と呼ばれていた。

「食堂では南野と2人、箸で単語帳をめくってました」

「いよいよ、彼の本気が見られそうだな」満足そうに関目はうなずいた。

「関目先生と話して心の整理がついたから、と言ってましたよ。いったいなにを言ったんですか?」

「特になにも。強いて言えば、彼の話を聞いただけです。なぜ、医師になりたいのかとか」

「確か、水島の動機は『人を助けるヒーローになりたい』でしたよね」

「うん。でもそれじゃあ、まだ足りないから『なぜヒーローになりたいのか?』って尋ねたんだ。

そうしたら、彼はかなり考え込んでから、『人に褒められたいからだと思う』と言った。もともとオリンピック選手になりたかったのも、それが動機だったそうだ」

「オリンピックを諦めた今、ヒーローになれるのは医師、ってことですか？」

「とてもシンプルな動機だけど、彼自身はそこまで考えたことはなかったみたいだ。人助けをしたい、というボンヤリとした動機が医師になりたい理由のすべてだと思っていたんだよ。

でも、『なぜ』と繰り返し自分に問い掛けてみたら、本当の思いが見つかったんだ。『ヒーローになりたい』『褒められたい』『すごいって言われたい』……生々しいけど、その分、とても強い欲だよね。あらゆるつらさを乗り越えてでも満たしたいくらいに。

そのことに気づいたら、オリンピック選手を目指していたときの練習に比べて、今の勉強量はまだまだ足りないことが分かった、と言ってたよ。当時は比喩じゃなく、毎日のように吐いていた時期もあるそうだ」

「それは……すごいですね」

関目はうんうん、とうなずいて断言した。「ここから、彼は伸びるよ」

10月2日　それぞれの奮闘

昼休みに市山が進藤のところにやって来たのはこの日で6回目だった。そのうち、5回は今週に集中していた。

「I visited. が間違いでI went. が正しいのは自動詞と他動詞の違いで合ってる？」クシャクシャに折り曲げたテキストを指差しながら、市山が尋ねた。

ソーシャルディスタンスを意識して、講師室の椅子を後ろに引きながら、進藤はうなずいた。

「すばらしい。そのとおりだ。じゃあ、I visited the school. は正しいかな？」

少し考え込んでから、市山はうなずいた。「正しいよ」

「どうして正しいんだろう？」

「そこは、あれよ、間違いじゃない感じがするからよ」

「まあ確かに、最後の最後は感覚も大切だね。君の場合、感覚に優れていることは試験によっては強みになるのは確かだ」

やや大げさに褒めたあと、進藤が詳しい説明を加えると、市山は真剣に聞き入った。


「つい数週間前、水島にフラれて自暴自棄だった遅刻魔とは思えない真剣さでした」

市山と入れ替わるように講師室に戻ってきた関目に、進藤は彼女の変貌ぶりを伝えた。感動を分かち合いたいという思いで、ついつい彼の声は大きくなった。

「やっぱり、水島の存在が今でも励みになっているんでしょうね」

「そうとも言えるし、そうではないとも言えるね」関目が笑った。

「どういうことですか？」

「保護者面談が終わってすぐ、彼女とはもう一度真剣に話をしてみたんだ」

関目はそのときの様子を進藤に語った。

「今の君にとっていちばんの目標はなにか」と関目は彼女に尋ねてみたという。

その問いに市山は「スーパーウーマンになること」と即答した。

（相変わらず意味が分からない）

「彼女が言いたかったのは、振られた自分に心底嫌気が差したってことらしい。頑張っている水島を見て、一緒に頑張れた自分がいて、その事実は紛れもないんだけど、そんなんだから自分は振られたんだろうって結論にたどり着いたと」

「人が頑張っているから自分も頑張れる、というのは悪いことじゃないですよね」

「服とか、髪の毛とか彼女が今まで磨き上げてきたものにはそれなりの誇りもあったと思う。でもそれだけじゃ、理想の自分にはなれないことに気づいたんだろうね。おしゃれも勉強も完璧にこなせる、誰もがうらやむ存在が彼女の目指す『スーパーウーマン』ってことなんだろう」

「彼女らしいと言えば彼女らしいですね。でもなにかの影響を受けてますよね？」

「まあ、失恋中に聴いたアン・サリーの歌声に魅了されたらしいね。それで調べてみたら、彼女は医師であり、歌手であり、母でもあることを知って、そのパワーに圧倒された。たぶん市山のアイデンティティは医学部目指して一直線、という路線とは相いれないところがあるんだ。自分のこだわりを捨てずに、医師になるという意地が芽生えたことが今の頑張りの原動力になっているのだろうね」

「アン・サリーって関目先生がよく聴いている曲の……」

関目は話を切り上げて授業に向かった。

10月5日　惰性と憧れ

それぞれの理由で勉強のギアを上げた水島と市山につられるように、復習の時間を増やし始めたのが南野だった。それまでは真面目にやっているようで、手抜きをできるシーンでは最低限の勉強で乗り切ろうとする癖があった。

そんな南野が何度も質問にくるようになったことに進藤は驚いた。

毎日、部屋に帰ってから夜の12時ごろまで復習を怠らず、朝は6時に起きて、さらにもう一度復習を重ねているという。

肉付きのよかった頬がそげ、どこかボンヤリして見えた表情が厳しく殺気立ったものに変わってきた。

「このままじゃ、4人のなかでも最下位になりそうだから」

勉強に励むようになった理由を進藤が尋ねると、南野はそう答えた。「それに、仙田さんは身体を壊してまで頑張ってるし」

（これが少人数クラス制のメリットか）

メビオに入ってすぐ、個別授業ではなく少人数クラス制を採用している理由を彼が関目に尋ねた際には、1年勤めたら分かる、と言われた。

「関目先生の言葉どおりでした」

進藤がそう言うと、関目はフフッと小さく笑った。「まあ、南野が猛勉強を始めた理由はそれだけじゃないんだろうけどね」

「ほかにも理由があるんですか？」

「やっぱり、保護者面談が大きかったようだ。母親の期待を改めて肌で感じて、危機感をもつようになったんだろう」

「南野の実家は地域の名士らしいですからね」

「先祖代々受け継がれてきた一族の歴史を背負うのが彼だ。まさに地域の人の命を預かる仕事には大きなやりがいがあるだろう。水島がなりたがっているヒーローになることを子どもの頃から義務付けられてきたんだ」

「うーん、それはしかし、つらいでしょうね」

「南野にしか分からないつらさだよ。ただ、タートルズの一人である仙田は彼と立場がとても近い。どちらも地域を預かる医師一族の子どもで、後継者になることを期待されて育てられてきた。

その仙田がほとんど命がけに見えるほど、身を削って勉強している姿を見て、自分もそうでなくちゃならない、と強く感じたんじゃないかな」

「そういえば、仙田が倒れたときにノートを届けたのは南野でしたよね」

2人には独特のシンパシーがあり、南野はそれに感化されているのだ。

「その点、心配なのは仙田のほうだ」ポツリと関目が言った。

「心配……というのは？」

仙田の勉強ぶりは相変わらず模範的だった。

課題はしっかりこなすし、復習も怠らない。夏場に倒れて以来、健康にも気を付けるようになったので、体重も少し戻っていた。

「体調面、精神面……いや、もっと根本的な問題をあの子は隠している気がするんだ。それが解決できないと、たとえ模試の点数が伸びても、本番では失敗するんじゃないかと思ってる」

11月2日　テストの連続——合否予想と諦め

テストはただでさえつらいものだ。真面目な生徒、結果を求めている生徒ほど、答案用紙に向かうときには全神経を集中するし、結果に一喜一憂する。

予備校講師をやってきた進藤は十分理解していたつもりだったが、メビオ生の打ち込み方には鬼気迫るものがあった。

特に、10月から11月の上旬にかけては重要なテストが連続する。

例えば、近畿大学、大阪医科薬科大学など本番さながらの完全再現模試が相次ぐ。

仙田は近畿大学の完全再現模試を受けたあと、ガックリと元気がなくなった。食事量が減ったため、心配したＡＳから関目に連絡が入ったほどだった。

彼女も昨年は近畿大学を受験して不合格になっていた。

「試験前に体調を崩したことを思い出しちゃって……」

青白い顔で嘆く仙田に水島がうなずき、市山が慰めた。彼女とは距離が遠かった南野ですら、「今のうちに一度落ち込んでおいたら、本番では大丈夫だよ」と言葉を掛けた。

ところが、今度は大阪医科薬科大学の完全再現模試のあと、１週間にわたって水島がひどく落ち込んだ。

これまで2回、水島は大阪医科薬科大学の入試に挑み、いずれも惨敗している。模試で完全に再現されて、つらい記憶がよみがえったのだ。眠れないから、と腕立て伏せばかりしていたため、胸板がさらに分厚くなった。

受験は彼らが直面する共通のチャレンジであり、精神面も含めてどう挑むのかがこれからの課題となる。ゴールに向かってがむしゃらに机にかじり付く者、友人や講師に支えられてなんとか気持ちをつなげる者、そして、張り詰めていた心の糸が切れてしまう者。

ようやく、テストの嵐が一段落して、4回目のクラス分けが行われたその日、4人の生徒たちはまたしても全員が同じクラスになった。ただ、今回は少し様子が違った。

※英語・数学は200点満点、化学・生物は100点満点
メビオの平均点　英語108・21点　数学105・42点　化学59・53点　生物59・34点
合計332・5点

南野　英語95点　数学78点　化学48点　生物45点　合計266点
校内総合偏差値42・1
仙田　英語101点　数学70点　化学51点　生物55点　合計277点
校内総合偏差値43・8
市山　英語108点　数学54点　化学41点　生物52点　合計255点
校内総合偏差値41・0
水島　英語105点　数学72点　化学38点　生物60点　合計275点
校内総合偏差値43・6

前回好調だった南野はわずかにアップ。一方、仙田と市山は、得意科目の生物と英語の合計で

60点アップを実現した。水島も英語と生物の合計が57点上がっていた。いずれにせよ成績下位ではあるものの、教科によってはほかのクラスよりも高い点数が取れていた。

「やばい。合格できるかもしれない」市山の顔が思わずほころぶ。

前回の実力テストで「最下位クラスなんて、納得できない」と公言していた南野ですら、少しホッとした表情を浮かべていた。

「私と同じクラスで、そんなにうれしいんだぁ」市山がからかった。

「バカ、違うよ」

「ここから、団結できているクラスと、そうでないクラスの差が出るんだ」関目は言った。

欠席しないのはなぜだ、と進藤はクラスの4人に尋ねてみた。

そろって彼らが口にしたのは「寮にいて鬱々としているくらいなら、メビオでクラスメイトと話しているほうが楽しい」という理由だった。

「みんなの顔を見たら、つらいのは私だけじゃない、不安なのも遊びに行きたいのも私だけじゃない、って思えるんです」

仙田の言葉に市山もうなずいた。「つらいのは一緒なのに、4人でいると20%くらいになる気がするのよねぇ」

「それだと、もう1人クラスメイトがいることになるぞ」水島が言った。

「座敷童……」呟く南野に、市山がふざけてペンケースを投げ付けるふりをする。

なにかが変わりつつある――進藤は変化を感じていたが、あいにくそれが良い方向なのか、悪い方向なのかは分からなかった。

11月18日　推薦入試――思わぬ合格と教室での涙

11月の下旬、桜が紅葉した葉を散らし始める時期になると、メビオの生徒たちは落ちつきを失う。

進藤は最初、理由が分からなかったが、関目の説明を聞いて腑に落ちた。

「推薦入試の結果がそろそろ発表される時期ですから」

自身の合否が気になるのはもちろん、クラスメイトや仲がいい友達が受かったかどうか、生徒たちは気になって仕方がないのだ。

「そういえば、金沢AO入試の発表は今日じゃなかったですか?」クラスミーティングの最中に南野が言い出した。

「察しろよなぁ」メビオノートに反省点を書き込みながら水島が笑う。「合格してたら、みんなに焼肉おごってるって」

「そんなこと言って、焼肉おごるのがイヤなだけで、本当は合格してたりして」市山が笑う。

「あのなぁ、合格し……」

水島が反論しようとした瞬間、隣の教室から悲鳴にも似た声が響いた。

「な、なんだよ?」しゃべり掛けていた水島が驚く。

市山が様子を見に行って報告した。

「真美、金沢AOに受かったんだって」

隣の教室から市山の友達である真美が駆け込んできた。

「すごいな!　おめでとう。今年度の合格第一号だろ。ツキを分けてくれよ」

水島は右手を上げ、ハイタッチした。

そのまま水島は市山とグータッチを交わし、南野とも拳を合わせた。

仙田のほうにも向き直ったが、彼女はうつむき、手を上げなかった。

「ごめん……」小さく呟くと、テキストを持ったままユラリと立ち上がった。

そのまま席をあとにする彼女を進藤はあわてて追い掛けようとした。

騒がしい教室の様子をうかがいに来た関目が言った。

「あとで、私が話をしてみるよ」


翌日、仙田は授業を休んだ。寮母さんからは体調が悪いようだ、という連絡があった。

「あー、俺ってやっぱりバカだな」授業前に進藤が仙田の病欠を告げると、水島が自分の頭をゴツンと殴った。「なんで、あんなに喜んじゃったんだろ」

金沢医科大学に合格した女子生徒は仙田と同じ高校の出身だった。1年後輩だが、成績は仙田より少しいい。

そんな後輩があっさり合格を決めたことを仙田は喜ぶことができなかった。そうして、そんな自分を責めるあまり、登校できなくなったのだ。

「不合格だったのに素直に喜ぶ水島さんと自分を比べて、ひどい自己嫌悪に陥った……?」南野は仙田の心情を予想した。

それを聞いて水島がため息をつく。

「僕だって、そんな上等な人間じゃない。オリンピック代表選考から漏れたときはいたたまれない気持ちになって、仲間の輪から逃げ出したくなったもんだよ」

「それをどうやって乗り越えたの?」市山が尋ねた。

「乗り越えてないよ。僕はただ、越えられなかった壁を諦めて、違う道を探したんだ」

「それが、医者だったわけ?」

「うん、まぁそんなとこかな」

「この教室でそこまでちゃんと医者になりたいって思ってるの、水島くんだけじゃない?」市山が言った。

「そんなことはないよ。むしろ僕以外はみんな、家が病院なんだから、医者になりたいって子どもの頃から思い続けてきたはずだろ」

「……そうでもないよ」市山が真剣な顔で答える。

「面談のあとで関目先生に、ほかにやりたいことがあるの？って聞かれたとき、私好きなことはあるけど、それで生きていけるほど自信はないなって気づいたの。でも自分なりに好きなことをとことん追求するにはなにか資格は取っとかなきゃって思うようになったのよ。そしたら関目先生が、最強の資格は医師免許だって」

そう言って、有名ブランドのロゴが入ったバッグを指差す。

「市山……そんな不純な動機が」南野があきれた顔で市山を見る。

「それはそれで、いいじゃないか」教室に入ってきた進藤が言った。「今、大事なのはなんであれ、医者になりたいという強い動機だろ？　それが社会的に立派なものかどうかは、いったんおいといてもいいいんじゃないか？」

（なんて、関目先生の受け売りだけど）

「そんな……」信じられないといった顔をする南野。

いい機会だと思って進藤は南野に尋ねた。「じゃあ、君はなぜ、医者になりたいの？」

進藤は関目が常々、彼には明確な動機が欠けている、と心配していたのを思い出していた。

「子どもの頃、父が僕と同じくらいの子どもたちを治す様子をたびたび見ていて、自分も大人になったらあんなふうになりたい、地域の人に安心感を与えられる存在になりたいと思ったんです」南野はよどみなく答えた。

（悪くない答えだ）

進藤はそう思ったが、あえて少し意地悪をした。

「本当にそう思ってる？」

進藤に尋ねられて、南野はうなずいた。「思ってますよ」

「じゃあ、君がそうなりたいと思っているお父さんはどんな人？　彼にとって仕事のやりがいはなに？　仕事でつらいと思っていることは？」

南野は答えられなかった。

仙田が現れたのは翌日のBの授業前だった。

クラスの３人と関目が授業前に雑談をしていると、仙田が現れて、離れた席にカバンを置き、トイレに向かった。

「私が行く」

市山が勢いよく席を立った。トイレの前で泣きそうになっている仙田に市山が寄り添った。なにを話し掛けるでもなく、ただそばに立っていた。仙田も市山のほうを見ない。ロッカーから荷物を出そうとする仙田に市山が一言声を掛けた。仙田は彫像のように動かない。市山が仙田の肩に手を掛けると、仙田はいきなりハラハラと涙をこぼし始めた。嗚咽しながら、何事か市山に語り掛ける。

市山はニコッと笑ってうなずき、仙田の肩を優しくなでた。ロッカーの前で崩れ落ち声を上げて泣きだす仙田。つられて市山も座り込んで泣き出した。

「なんで市山さんが泣いているんだよ」教室からそっとのぞいていた南野が呟いた。

「こういうときって、俺たちなにもできないんだよな」悔しそうに水島が言った。

しばらく泣いたあと、2人はクラスメイトたちがいる教室に移動してきた。

「ごめんなさい」か細い声でそう言うと、仙田が深々と頭を下げた。

「おかえり」南野と水島の声がそろった。

仙田の目から再び涙が溢れた。

11月21日　逃避——ピアニストか医師か

「私、ピアニストになります」

思い詰めた表情で、仙田が関目に告げたのは彼女の後輩が推薦入試で合格した3日後だった。

講師室にいた進藤も彼女の宣言を聞いて、仰天した。

「えっ？　な、あちち！」飲みかけのコーヒーが膝の上にこぼれたのをあわてて拭き取る。

「どうした急に？　こないだの点数も悪くなかったのに」

そんな進藤とは反対に、関目はどこか楽しそうだった。「どうして、ピアニストなんですか？」

「小学校に入ってすぐに私はピアノを習い始めたんです。自分で言うのもなんですけど、生まれつき絶対音感があったので、すぐに上達して、中学生の頃は専門の講師3人に学ぶほどでした」

「講師が3人も？」進藤は驚いた。

「ショパンの専門、モーツァルトの専門とか、ピアノの先生には専門があるんです」

高校に入り、勉強が忙しくなると、ピアノの前に座る時間は減ったが、「息抜きのため」という名目で、週に一度は名のある講師の教室に通っていた。

ピアノから離れたのは浪人生になってからだ。

「でも、後輩の合格を喜べなかった自分を見つめ直したとき、本当にやりたいのはピアノだったんだ、って気づいたんです」

「医師ではなく？」関目が尋ねた。

「子どもの頃から、医師になりたかったことなんて一度もありません。たまたま、お兄ちゃんが病院を継がないと言い出したから、私に跡継ぎの役目が回ってきただけなんです」

「でも、ピアニストというのは、子どもの頃から毎日練習づけの日々を過ごして、ようやくなれるものじゃないんですか？」

「世界的なコンクールで賞を取るためには確かにそんな練習量が必要です。でも、私は自分が納得できる演奏ができて、それである程度の生活ができたらいいんです。今は世界にいろんなピアニストがいますから」

「なるほど、素敵な夢ですね」関目がうなずいた。

「それで、とりあえずオーストリアの音楽学校に留学しようと思うんです」

勢い込んで仙田は子どもの頃に留学したかった音楽学校の名前を挙げ、夢を語り始めた。

彼女の熱い言葉を聞いて、仙田がピアノを大好きであることは進藤にも分かった。

ただ、受験勉強が佳境に入り、後輩の合格で気持ちが揺らいだ瞬間に出てきた夢が人生を懸けるに値するものかどうか、判断するのは難しい。

（つらい日々から逃げ出したくて、心の隅にしまってあった子どもの頃の夢を取り出してきただけじゃないのか？）関目を止めるべきか、進藤は迷った。

「それじゃあ、まず、オーストリア領事館に行ってみましょう」ところが、関目は彼女を止めようとせず、逆に夢を現実にすることを提案した。

「領事館ですか？」仙田が問い返す。

「留学となると、ビザがいるでしょう。まずはその要件を知っておいたほうがいいと思います」

「ちょっと、関目先生！　落ちついてください」

焦る進藤を横目に、関目と仙田の話はどんどん進み、寮の部屋にアップライトピアノを置けるかどうか、ということまで話題になった。

（これは、大騒ぎになるだろうな……）

うれしそうに話す仙田を見て、進藤は諦めるしかなかった。

11月24日　妥協——医学部以外の選択肢

面談に訪れた仙田の両親は困惑を隠さなかった。関目と仙田が待つ部屋に進藤が2人を案内すると、挨拶もそこそこに父親が尋ねた。

「学部を変える？」

「私、医師には向いていないと思うの。命を扱う仕事なんて、重くて耐えられない」仙田がキッパリと答えた。

「でも、これまで頑張ってきたじゃない」母親が言った。「それに実際にやってみる前から諦めるなんて……。できるかもしれないでしょう？」

「やってみてダメでした、のほうが問題だと思うけど」

「うちの病院はどうなる？」

父親の声に非難の響きはなかった。先の見通しを純粋に尋ねられて、一瞬、仙田は言葉を失ったが、気丈に言い返した。

「それは……」

らちが明かないと見た母親は矛先を関目に向けた。

「先生。信じろと言うから、あなたやメビオを信じたのに、これはどういうことですか？」

「驚かせてしまって、たいへん申し訳ありません」関目は素直に頭を下げた。

「せっかくご両親に来てもらったのですから、冷静に話し合いましょう」

仙田の母親はなにかを言いかけたが、父親が制した。

「まず、私が理解している限りでは、ご両親が希望するのは仙田病院の存続ですよね？」

「そうです」異口同音に父親と母親が答えた。

「そこで、一つの案として、医学部だけではなく経済学部も併願するのはどうでしょうか」

「どういうことですか？」

「ご存じのとおり、現在、医学部合格はとても狭き門となっています。仙田さんの学力は春に比べるとたいへん成長していますが、厳しい状態であることは否めません」

神妙な面持ちで話を聞く仙田。

「一方、経済学部であれば、十分合格圏内という大学がいくつかあります。例えば、立命館大学などがそうです。経営を学べば、将来的には医療はできないものの、経営者――オーナー兼理事長になれれば、病院の存続は担保できます」

「医者にするために、おたくに入れたんですよ！」

母親が激高するのとは対照的に、父親はしばし考えてから「それはあり得る案ですね」と言った。

仙田がホッとため息を漏らした。

関目と彼女は両親を説得するための妥協案として、この方法を考えていた。

いきなり「ピアニストになりたい」と言われても、おそらく両親、特に母親には受け入れてはもらえないが、病院を継ぐという約束を守れれば、なんとか道が開けるのではないか、というのが関目の立てた案だった。

実際、医学部に比べれば経済学部はまだ希望があった。また、入学後も文系学部で時間の自由が利きやすい。その分、ピアノを弾く時間が増えるので、練習を重ねて自信がついたら、オーストリア留学にチャレンジすることができる。

「ただし、せっかくここまで頑張ってきたのだから、仙田さんには医学部も受けてほしいという気持ちが、我々にもあります」

両親を納得させるための案としてこれもすでに共有済みだったので、仙田は素直にうなずいた。

「バカなことを言わないで！」

激高する母親を父親がなだめた。「しかし、ゼロ回答よりはましだぞ」

「出願は1月ですから、今すぐに結論を出す必要はありません」関目は言った。「一つの案としてじっくり検討していただけたら、と思います」

父親はしばらく黙っていたが、深いため息をついてこう答えた。

「分かりました。娘のためにいろいろと考えていただき、ありがとうございます」

立ち去る夫婦の背中に関目と進藤は深々と頭を下げた。

仙田親子の面談が終わった数時間後、今度は南野拓巳が講師室にやって来た。

授業中の関目に代わって、進藤が話を聞くことになった。

「なんで、仙田さんの裏切りに手を貸したんですか？」いきなり南野が言った。

「裏切り？」

「ご両親は医者になってほしいんでしょう？　それなのに、経営者になるなんて言い出すのは裏切りですよ」

彼の思いは進藤にも分かった。

親から厳しいプレッシャーを受けている同士、という親近感を南野は仙田に対し抱いていたのだ。

（それなのに、彼女だけが重圧から抜け出そうとしていることが許せないんだろう）

「君が本当に言いたいのは親じゃなく君への裏切りだってことだろう？」

「な、なんでそうなるんですか？」

「君たちはある意味、似てるから」

「似てなんかいませんよ」南野は最初は否定したが、そのうちにガクリと肩を落として告白した。

「僕だって、本当に医者になりたいかどうかは分かりません。気づいたときにはレールが敷かれていたから、その上を走って来ただけで。実家の病院だって、本当は優秀な姉が継いだほうがいいのに」

（浅いな）進藤は感じた。

南野の言葉は本当らしかったが、子どもっぽい。

（でも、無理もない）

自分が南野の年になにを考えていたかと思い返すと、顔から火が出る気がした。

（南野のほうがはるかに立派だ）

だが、その一方、彼はまだ20歳になったばかりで、法律的には成人だが、アルバイト経験すらない子どもだ。働くということ、自分で生活を賄うということの意味を知らない。

進藤自身も子どもの頃から勉強はできたので、医師になるという選択肢を考えなかったわけではない。ただ、理系の学科があまり得意ではなかったのと本が好きという単純な理由で、高校では文系を選んだ。

メビオで働くようになって、「医師という道をもっと真剣に考えるべきじゃなかったか」と時々思うことがあった。

社会に出てみると分かるが、やりがいと経済的な安定が両立する仕事は少ない。医師はどちらで評価しても最高に近い職業だ。そんな事情は受験生にはまだまだ理解しがたいものだろう。

（関目さんならどうするだろう？）

少し考えて、進藤はスマートフォンを取り出した。

先月、友人から送られてきたＬＩＮＥのメッセージを探す。

「中学時代に部活で一緒だった友達は新聞記者になるのが夢だったんだ」

いくらか時を遡って、送られたメッセージをスクロールしながら南野に見せる。

そこには新聞社に就職してから友人のコージが経験した苦労が垣間見られた。

――日本の言論を預かっている以上は仕事をしなけりゃならんわけです。取材現場ではいろいろと危ないこともあるし、防護服を着て仕事をすることもある。防護服が足りないから購入しようとしたら、「現在、医療従事者以外には売れません」ときた。ああ、そうですか。それじゃ私たちの仕事が止まりますよ。

――職場の部下たち、ミスした同僚を責めるのが多くて切ない。自分のチームにのび太がいても、それで9人そろって野球ができるなら、むしろ感謝だろ。のび太に助けられることもあるだろ、ってことが伝わらない。

――大人ってもっと自由で、自信に溢れ、悩みも迷いもない、大きな人間だと思っていたけど、きっと30歳の1年も、不自由で卑屈で悩み迷うんだろうな。

――結局、自分になにができるかというのは、すごく些細な問題で。どれだけ他人に助けてもらえたか、というのが物事のありようを決めているんだなぁ。あーあ、おれは一人ではなにもできないいな。

（個人情報を出してすまん、コージ。今度、寿司でもおごるから）

進藤は胸の内で謝りながら、友人が送ってきたメッセージを南野に見せ続けた。

「やりがいをもって仕事に就いたとしても、自分にはなにもできないなんて思いをすることってあるんですね」

「言っておくが、やりがいを求めていない人なんて誰もいない。けれど日々直面するのは自分にはどうにもできない現実で、その一つひとつに心を削られながら生きているものなんだ」

「え、そうなんですか？　でも、会社で働いていれば安定した生活は確保されるんですよね？」

「安定と引き換えに求めていたやりがいは削られていく。彼とは時々飲みに行くが、出て来る話の多くは働くことへの愚痴だ。上司や取引先から無理難題を言われても、笑ってやり過ごさなければならない。それが働いている人のごく普通の毎日なんだ。君のお父さんとはずいぶん違うだろう？」

南野はうなずいた。「父は病院長ですから」

「地域の医療を支え、地元の人から尊敬を集める仕事には大きなやりがいがあるはずだ。自分にできることを精一杯努力して、その結果として多くの人から感謝される。医師以外で、そんな恵まれた日々を送っている人は実はとても少ないんだ。病院を存続させたいという思いは強いだろうけど、息子にそんな充実した人生を送らせたい、と願っているから、君の両親は君を医師にしたいんだよ」

「確かに、親父は生まれ変わっても医師になる、と言ってます」

「そんなふうに言い切れる仕事に就いているなんてすばらしいと僕は思うよ」

「それなのに、仙田さんはなぜ、医師じゃなくピアニストになろうとしてるんですか？」

「それは分からない。でも、医師ではないとしてもなにかになりたいという強い思いをもつことは、幸せになるためにとても重要なことなんじゃないかな。それは君にも言えることだ。自分はなにになりたいのか、真剣に考えてみてほしい」

「なにになりたいか……」呟くように言ってから、南野はぺこりと頭を下げた。「ありがとうございます。今まで、自分の将来をそんなふうに考えてみたことがありませんでした。真剣に考えてみます」

講師室をあとにする南野の背中を見つめながら、進藤は自問した。

（今のが正しい対応だったんだろうか？　関目さんならどうしただろう？）

答えは出なかったが、初めて自己判断で生徒を導いた手応えはあった。

（これが生徒一人ひとりと密に関わるメビオ講師のやりがいなんだろうな）

担任している４人の生徒全員の合格を関目は自分に課した。

関目だけの責任ではない。自分も責任の端っこを担いでいることを、進藤は初めて強く意識した。

自室に戻った南野は電気ケトルでお湯を沸かし、コーヒーを入れた。砂糖とミルクを多めに入れて、熱い液体をすする。

今日の分の復習をするつもりだったが、進藤に言われたことが胸の真ん中に刺さってうずいていた。

「自分はなにになりたいのか……か」

小学生のときにはそんなテーマの作文を何度か書いた覚えがあった。もちろん、南野は「お医者さん」と書いた。時には「お父さんのようなお医者さん」とも。

でも、正確に言うならなりたかったわけじゃない。「なるもの」「そのほかに道はない」と思っていただけだ。

仙田も同じだったのかもしれない。だからこそ、ここにきて「本当になりたいもの」を見つけてしまったのだ。南野は初めて、彼女の気持ちが理解できた気がした。

メビオに実在した医学部合格者のエピソード④

水を得た魚のごとく

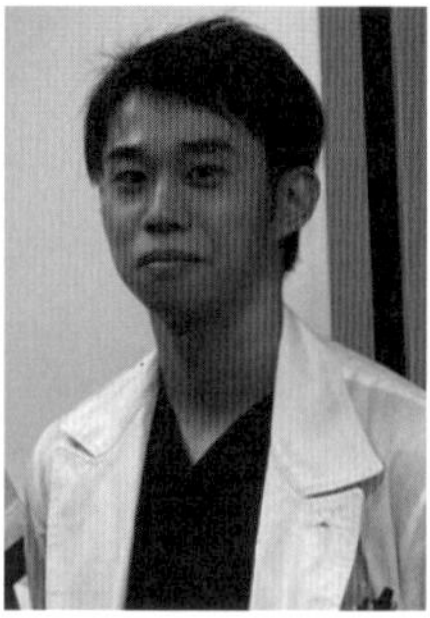

朗らかでおしゃべり好きな池村くんはとにかく英語が苦手でした。東京の医専予備校で過ごした浪人1年目では文法の基礎固めに集中して、ある程度の自信をつけたものの、長文となると「選択肢をちょっと読んで、本文の該当するところをなんとなく探し、フィーリングで解く」という世の中の受験生にありがちな解き方をしていました。メビオに入会してすぐ、春期講習で英語を担当した平沢は「論理的思考力は高いが、その使い方が分かっていない」、と池村くんの問題点をいち早く見極め、潜在能力を活かすための指導を心掛けました。課題は大きく2点ありました。一つは頭を使うにも「道具が足りていない」こと。同じく英語を担当した舟木は、ディクテーションや精読というメビオのカリキュラムを通じて基本構文を徹底的にたたき込み、基礎固めを行いました。もう一つは「英文の読み方を知らない」ことでした。前述のとおり、英文に正面から取り組む経験がもともと少なかったため、「英文独特の構造があること、それに応じて目を付けるべきポイントがあること」を知りませんでした。平沢は、授業では精選された良問を使って段階的に読解法を指導し、それと並行して、授業で学んだ読み方を頭で理解するだけでな

く、自ら手を動かしてマスターする目的で、やさしめの長文問題を大量に課しました。池村くんは持ち前の論理的思考力の高さから、こうした授業の意図をよく理解して大変意欲的に取り組みました。

池村くんは関東の上位校を目標にしていたこともあって、いずれの科目でも極めて貪欲に、そして自らの成長を楽しみながら勉強することができました。メビオという環境は池村くんにとって自身を成長させるために必要なすべてが整った環境といえました。医学部合格に向けて必要なすべてが収められたテキスト、それを使って知的好奇心を刺激するベテランの講師陣、そして医学部を目指すよきライバルたち。おしゃべり好きでもあり、とりわけ「話の面白さ」には敏感に、そして素直に反応できた池村くんにとって、メビオでの授業は時間が長くてもまったく苦痛ではありませんでした。

苦手の英語長文も比較的早い段階で読み方のコツを身につけ、実力テストでも着実に結果を出せるようになりました。しかし受験期が近づくにつれて、レベルの高い問題になると「日本語力の弱さ、常識不足」がネックになることもしばしばでした。それはとりわけ自由英作文という問題形式で顕著でした。英語の上田は、日本語で考えて英語に訳すのではなく、「英語の論理構造に合わせて解答を仕上げる」ように指導しました。まずは典型的な文章構造を多くの類例を使って分かりやすく紹介し、少しずつ応用を交えて練習させました。そのおかげで初めは苦手意識が強かった池村くんも楽しみながら取り組むことができました。「うまく方向性を示して乗せてあげると、驚くほど速くまとまりのある英文を書けるようになった」と上田を驚かせるほどの成長ぶりでした。上田は解き方だけでなく、綿密に時間配分を計画し確実に得点できる戦い方を指導しました。戦略家である上田の真骨頂です。迎えた本番では次々と合格をたたき出す快進撃。池村くんとメビオ指導陣の信頼関係が最高のかたちで実を結ぶこととなりました。

順天堂大学医学部に進学後も、メビオの講師を慕って顔を出してくれることが何度かありました。

（２０１１年　順天堂大学医学部進学）

第4章　冬――決戦

12月5日　出願──志望理由と戦術

毎年のことだが、師走を迎えると街の雰囲気は一気に慌ただしくなる。繁華街ではお決まりのジングルベルが流れ、受験生たちの焦燥をあおる。

泣いても笑っても、年が明けたら本試験が始まる。国公立を受ける生徒は1月半ばの共通テストが皮切り。私立だけの生徒は1月下旬から各大学での試験に挑む。

タートルズの4人も、それぞれの入試戦略を立てていた。

まだまだ基礎学力に不安を抱えている4人の出願スケジュールに共通するのは、できるだけたくさんの大学を受けるということである。私立医学部は大学ごとの入試問題の特色の違いが著しく、マーク形式から本格論述形式までさまざまである。難易度も偏差値に比例するわけではなく、偏差値の低い大学でも難しい問題が出され、あるいは量が多く解き切ることが困難な問題を出す大学もある。

南野

努力家ではないが、本番でのひらめきや、即応力に期待がもてる。関東圏の大学、例えば獨協医科大学など、受験生の平均点が必ずしも高くないところでみんなが沈むなか、一発逆転狙い。

プライドが高いので、不合格が続くとすぐ意気消沈して全滅する可能性もある。だが、勉強の仕方がよくなってから、まだ時間があまり経っていない。まだまだ伸びしろあり。したがって、埼玉医科大学や久留米大学医学部の後期試験までしっかり受験させる。

水島

コツコツ積み上げてきたおかげで典型問題には強いが、解くのに時間が掛かる。本番特有のひねりにはまだまだ弱い。川崎医科大学、福岡大学医学部、久留米大学医学部といった標準的な問題にじっくり取り組める大学に照準を合わせて、ここに賭ける。伸びしろの大きさが期待できるので、後期試験での合格も期待できる。

仙田

親との話し合いを経て、関東と関西の私立トップ校の経済学部を広く受験することに。日程のかぶりにくい1月後半に医学部の受験スケジュールを組み込む。理科が不安定ながら、がつがつと計算する腕力と、英語の長文読解力が期待できるため、英数のみで受けられる金沢医科大学後期試験はほかの経済学部を外してでもおすすめする。

市山

体力のなさを考えるとスケジュールを詰め込み過ぎるのは避けたい。言語力に長《た》けていることと、数学が弱いことを考えると、数学を選択せずに国語を受験できる帝京大学医学部の受験がカギを握る。帝京は3日連続で受験できるので、これを軸にスケジュールを立てる。二次試験も帝京二次とかぶらないように。すべて、英語・生物・国語で受験。

「でも、その前に大切なステップがあります。なんだか分かりますか、仙田さん？」

関目の問いに仙田がうなずいた。「出願です」

「正解。この出願にもいろいろと工夫すべきことがあるので、おさらいしておきましょう。まず、願書を書くうえで、いちばん大切なのは記入ミスをしないことです。これはもう、基本の基、ですから何度も見直してください。ここだけの話ですが、私は学生のとき、入試で受験番号を書き間違えたことがあります」

関目の言葉に、生徒たちが驚きの声を上げた。

「マジですか？」そう、聞き返したのは水島だった。

「マジです。3科目目の国語のテストのときに気がついたんです。それまでの2科目は違う番号を書いていたことに」

「それで、どうしたんですか？」

「どうしようもありません。ですから、逆に冷静になりました。それ以上どれほど頑張っても、もうその大学の合格はない、と思えましたから」

「冷静になっちゃうんですね」仙田がため息をついた。「私ならもう、倒れちゃうと思います」

「確かに、一瞬は血の気が引きましたよ。でも、そこで考えたんです。別に命まで取られるわけじゃない、って。あ、これは大事ですよ。ピンチだと思ったら、考えてみてください。命まで取られるのかどうかを。そうでないなら、たいしたピンチじゃありません」

　生徒たちが神妙にうなずく。

「それじゃあ、２番目に大事なことはなんでしょう？」関目がまた生徒たちに問い掛けた。「じゃあ、今度は水島くん」

「えーと、受験料の振り込み……ですか？」

「まあ、それも大事ですけど、私が２番目に挙げたいのは志望理由書ですね」

「ああ、苦手なやつが来たぁ」市山が机に突っ伏す。

「苦手な人は苦手ですね。でも、コツさえつかめば実は簡単なんです」関目はホワイトボードにサラサラと２つの文章を書いた。「はい、皆さん読んでみてください」

「①なぜ、医師になりたいのか？」

「②なぜ、○○大学で学びたいのか？」

4人が声を合わせて読み上げた。大声を張り上げ過ぎたのか、水島が咳き込む。

「あれ、進藤先生はどうしました？」

関目に振られて、慌てて進藤も読み上げる。

「はい、よくできました」にっこり笑って、関目は一つ目の項目をペンで指した。

「ではまず、一つ目からいきましょう。ここで示すべき事柄は皆さんがどんな人物なのか、ということです。要するに、大学が求めている人物であることを示さなければなりません」

「例えば？」市山が質問した。

「ありがたいことに、大半の大学はどんな学生が欲しいのか、アドミッションポリシー（入学者の受け入れ方針をまとめたもの）としてホームページなどで示しています。ですから、それを読めば、どのような内容を書くべきか分かるはずです。それを踏まえて、みんなの志望理由書をこれまでに何度か講師が添削してきましたよね？　今日はそれを見直してみてください」

進藤は机の間を移動しながら、4人の手元にある志望理由書を確認した。

市山のものはチェックした講師からの赤字がほとんど入っていない。反対に、コメントだらけなのが南野の志望理由書だ。ベテランの講師から見ると、彼の動機の弱さは一目瞭然なのだ。

「さて、じゃあ、2番目の項目についても説明していきますよ」関目が声のトーンを上げた。「こちらは、各大学の特徴を研究したうえで、『おたくの大学に入って〇〇をしたいから』などの理由を書くのが正解です。

ですから、どんなカリキュラムに力を入れているのか、どんな設備や環境が整えられているのかなどを、まずはしっかり調べましょう」

「出願のやり方は大学によって異なります。すでに、皆さんは経験済みですが、確認の意味も込めて説明します。まず、ウェブ出願の場合にはその大学のホームページにアクセスして、必要事項を書き込んで出願します。気を付けてほしいのは出願のタイミングです。『〇日～』と記載されている場合にはその日の午前０時から出願できます」

「期間内なら、いつ出願してもよさそうですが、そうじゃないんですか？」南野が尋ねた。

「いい質問ですね」関目が答える。「出願のタイミングによって、二次試験の日程が異なる場合があるので、いつ出すかも受験を有利にする戦術の一つです。ガイダンスでも説明しましたが、例えば、川崎医科大学は出願期間の初日に出すと、二次試験は３日ある日程のうちの１日目になります。久留米大学などほかの大学と重ならないよう、注意が必要です」

「ほかに気を付けることはなにかありますか？」水島が尋ねた。

「検定料の支払いを忘れないでください。クレジットカードやコンビニ払い、金融機関のＡＴＭ、ネットバンキングなど、使える方法は大学によって違います。あと、『出願完了後〇時間以内』という規定を設けている大学が多いので、支払いのタイミングは注意が必要です」

「インターネットで出願を済ませられるのは便利ですね」

仙田の言葉に、関目がうなずく。「ただし、ネット出願でも必要書類は別途郵送することになるので、忘れないでください」

「ちゃんと出願できたかどうかはどうやれば分かるんですか？」

「受験票が出願ページに表示されます。試験当日はそれを印刷して持っていくんです。大学側から送られて来るわけではないので、その点も気を付けてください」

12月6日　追い込み開始と近づく限界

出願を済ませると、南野は久しぶりに実家の母親に電話を入れた。健康を気遣う母親にメビオはコロナ対策も万全だから大丈夫だ、と伝えた。実際そのおかげで、寒くなっても風邪をひく生徒がとても少ない、と講師たちも喜んでいた。

「お願いがあるんだけどさ」

南野が要件を告げると、母親はすぐに承諾してくれた。

「拓巳がそんなことを頼むなんてね」母の声はなぜか少しうれしそうだった。

試験が始まるまで、残りは1カ月半しかない。ここからはどれだけしっかり追い込めるかで結果が変わる、と関目からも言われた。マラソンに例えるなら、ここまでは42・195キロを走りきるためのペース配分をしてきたが、いよいよギアをトップに上げてスパートをかけるときが来たのだ。

昨年までは頭では分かっていたのに、それができなかった。今にして思うと、本気度がまったく足りなかったからだ。

南野はまず、時間の使い方を分単位で見直すことにした。睡眠時間や食事の時間、休憩時間、入浴の時間など、勉強以外の時間をギリギリまで削ったスケジュール表をパソコンで作り、部屋に貼った。

朝の起床もそれまでより45分早めて、5時45分に決めた。就寝は1時だから睡眠時間は5時間弱になる。

朝起きたら登校までは自室で勉強し、8時半になったら登校する。メビオで朝食を食べて、授業が始まるまで自習室で勉強する。


勉強すると決めるのは簡単だが、続けるのは難しいことを南野は知っていた。これまで現役のときも1浪していたときも計画は立てたものの、長続きせず、テレビを見たりゲームをしたりといった時間をいつの間にか入れてしまっていた。

時間割を作ったときにはそれなりに高かったモチベーションが少しでも下がると、ギリギリの時間割をこなせなくなってしまうのだ。

授業前の復習テストの点数が少し悪かったり、授業中に当てられてうまく答えられなかったり、モチベーションに影響する出来事はいくらでもある。

そういった出来事を引きずると、時間割が崩壊するので、この冬は落ち込みそうになったら考えるのをやめて、テキストを広げることに決めた。

(結果は考えない。今、できることをやるだけだ)

時々外食の誘いに応じていた先輩たちとの付き合いも断つことにした。多浪生のなかには簡単にモチベーションをなくす人が少なくない。彼らと付き合うと、楽なほうに逃げてしまうことは分かっていた。

勉強のやり方も変えた。それまでは課題をこなすだけで「やれた」と思って安心してしまうところがあったが、自習時間をギリギリまで有効に使えるよう、さらに自分から課題を求めることを決めた。

内容についても、関目にアドバイスを仰ぎ、いよいよ実践的な応用問題を増やすことにした。数学は応用問題や過去問、英語は医学系の長文問題に取り組むなど、それまでの基礎重視からやり方を変えたのだ。

「ここまで、基礎を積み上げてきたので、今からの追い込みで、一気に点数をアップできるはずです」

関目の言葉は南野にはとても心強かった。

1月2日　正月――おせち料理とインフルエンザ

受験生に正月はない。1月1日はやって来るが、正月らしい年中行事はなく、授業を受け自習する。

いつもと同じように過ごすのだ。

せめてもの慰めだろう。メビオの食堂では1月2日の昼食にお雑煮が振る舞われる。

温かい汁を飲み、丸餅を食べながら、進藤はメビオでの日々を振り返った。まだ独身で子どもはいないから、誰かの世話をこんなに焼いたことはない。ギリギリの状態で頑張る子どもたちを支える毎日は、ひどく大変だったがやりがいも大きかった。

（あっという間の1年だった）

「エビが入ってなかったですね」食事が終わって教室に戻ったあとで、やや寂しげに南野が言った。

メビオのお雑煮は関西らしく白味噌仕立てで、鶏肉や大根、金時にんじんなどが入っている。

「鹿児島ではエビが入ってるのか？」水島が尋ねる。

「入ってます。それに、汁もエビだしのおすましです」

「郷土料理のさつま雑煮というやつですね。お餅もたしか、角餅ですよね」関目が言った。

「うちはパパが洋食好きだから、おせちはほとんど食べたことがなかったなぁ」市山が言った。

「だから、お雑煮なんてメビオに来て初めて食べた」

「で、どうだった?」南野が尋ねた。

「ああ、こういうものだったのね、っていう感じ」市山は笑った。「考えたらさぁ、隣近所みんな同じお雑煮ってちょっとキモいよ」

「仙田さんはたしか、福井だよね。お雑煮はやっぱりメビオと同じ関西風?」

「そうですね、同じ白味噌に丸餅です。ただ、福井のほうではお餅以外の具をほとんどなにも入れません」仙田が言った。「だから、具だくさんのお雑煮を食べると、遠くにいるんだなってしみじみしちゃいます」

「そうだよなぁ、せっかくの正月を過ごすのが、こんな面子で仙田さんには申し訳ない」水島がおどけて深々と頭を下げた。「うちのクラスにはイケメンがいなくて」

「ちょっと、僕はそこそこいけてるほうだと思うんですけど」南野が抗議する。

「それ、マジウケる」市山が爆笑した。

仙田がクスクスと笑い出し、関目や進藤も笑った。


水島が高熱を出したのはその夜だった。

「夜間救急病院に行こう」咳き込み、鼻水を垂らす様子を見て、関目はそう言った。

年が明ける少し前から、インフルエンザの流行が始まっている、と盛んに報じられていた。水島を連れて進藤が訪れた病院の待合室は、診療を待つ患者でごった返していた。子どもと高齢者が多い。大半がマスクをしていて、なかには赤い顔で咳をしている人もいる。

（マスクをしてなきゃヤバかった）

寮に駆け付けた進藤に関目が渡したのは医療用のマスクだった。いつ必要になるか分からないので、自宅や講師室に常備しているらしい。

「インフルエンザですね」

検査の結果、水島の病気はインフルエンザのＡ型だと判明した。

熱は39℃以上あり、関節痛と寒気があると言う。

「倒れてる場合じゃないのに」悲痛な表情で水島が呟いた。

進藤にも彼の気持ちは痛いほど分かった。本試験まで「あと〇カ月」と考えていた時期はもう過去のものだ。今では「あと〇日」という単位で生徒も講師も数えている。

最後の追い込みで、少しでも合格率を上げるため、生徒たちは皆必死だ。

「メビオの校舎に入ると、ピリピリと張り詰めた空気のせいで、動悸が速くなるんだよ」と言う講師もいるほどだった。

進藤が今まで講師として働いてきた大手予備校でも、この時期は雰囲気が変わったが、メビオほど極端ではなかった。大手予備校で学ぶ生徒たちには、志望校のレベルを引き下げれば合格できる、という逃げ道があるからだ。

大半のメビオ生にはそれがない。医学部の偏差値は最低でも65程度なので、模試などでそこに届かない生徒は、勝てる確率が極端に低いと分かっている勝負に挑まなければならないのだ。彼らの言葉で言うなら、「無理ゲー」だ。

年が明け、試験がいよいよ間近に迫るなか、「無理ゲー」をクリアするため生徒たちは寝食を惜しんでレベル上げに明け暮れる。ベッドに入って目をつぶることは、ライバルたちからおいていかれることを意味するのだ。

「なんとか、すぐに治す方法はありませんか？」水島が医師に食い下がった。

「君は医者志望なんだって？」初老の医師は逆に問い返した。

「ええ、医学部を目指してます。ですから、今、休むわけにいかないんです」

「それは医師になりたい人間が言うことじゃないよ」穏やかに彼は言った。「医師は医学を学ぶ過程で、治療の主役は患者だと教えられる。医師は患者が健康になる手助けをするだけだ。治療として私はノイラミニダーゼ阻害薬を出すけど、その薬を使ってインフルエンザを治すのは君だ。治し方はちゃんと休むこと。それしかない」

寮に戻った水島はおとなしく薬を飲み、ベッドに入った。

医師からは1週間は授業に出ないよう言い渡されていた。

「大丈夫です。登校したりしません」水島は言った。「誰かにうつしでもしたら、大変ですから」

「熱が下がって体調が戻ったら、自習はしてもかまいませんから」関目が念を押す。

「なるべく、こまめに様子を見に来るから」

進藤の言葉に礼を言ってから、水島は呟いた。「なんだか、これで不合格確定みたいな気がします。ただでさえ成績が悪いのに、いちばんの追い込み時期に倒れるなんて」

「そんなことはないよ」

「でも、オリンピックの選考に関わる試合の直前もそうだったんです。腰を痛めて、しばらく練習できなくて……。幸い試合までには治ったんですけど、動けない間は身体を作るのに必死で、いつもより厳しい食事制限をするしかなくて。そのせいで体力が落ちてしまったのが敗因でした」

「メビオでは毎年、全生徒に予防接種を受けさせています」関目が言った。「でも、誰もインフルエンザにかからなかった、という年はほとんどありません。数日間は安静にと言われて、みんな落ち込みますが、彼らのほとんどは実力どおりの結果を発揮します」

「実力どおり……それなら、ダメですね。やっぱり僕は、医者になんてなっちゃいけないのかもしれません。神様がいるなら、そう言ってる気がします」

（体力が落ちているせいで、押し隠してきた不安が噴き出してるんだろうな）進藤は思った。

このままでは、水島は自己否定を繰り返して落ち込んでいきそうだが、適切な言葉が見当たらない。

進藤が焦っていると、部屋のドアを誰かがノックした。

ドアの外に立っていたのは南野だった。

「あの、水島さんは大丈夫ですか？」

「ああ、インフルエンザだったけど、薬をもらったし、1週間もすれば復帰できそうだよ」進藤は答えた。

「お見舞いはダメですか？」

「インフルエンザだからな。なにか伝えたいことがあるのなら、僕から伝えるよ」

「じゃあ、LINEを見て、と伝えてください」

ベッドサイドに戻り、南野の言葉を伝えると、水島は枕元のスマートフォンを開いた。

メッセージは動画だった。南野と仙田、それに市山の声が響いた。

南野：水島さん、焦らずにゆっくり休んでください。授業のノートはコピーして毎日届けますから。あと、欲しいものがあったら、なんでも言ってください。

仙田：私も何度も倒れたから分かるんですけど、休むのって気持ちがつらいですよね。でも、水島さんは私なんかよりスゴイ修羅場を何度もくぐってきた人だから、頑張れると信じてます。

市山：天罰とか思ってたりして？　でも、言っとくけど、罰を与えていいのは神様なんかじゃない。私だけなんだからね。ちゃんと医者にならなかったら許さないからね！

スマホを閉じて、水島は目をつぶった。「ありがとうございました。もう、寝ます」

ゴロリと寝返りを打ち、壁のほうを向いた。

（涙を見られるのは嫌なんだろう）水島の心情を察して、進藤は声を掛けた。「おやすみ」

「彼らは合格するぞ！」寮の廊下を歩きながら、関目が言った。

「そうですね」進藤は素直にうなずいた。

今までは「とりあえず掲げている目標」としか思えなかった全員合格が、初めて確かな未来予想に思えた。

1月24日　出陣――富士山と最後のひと伸び

新幹線で東京へ向かうときにはいつも、進藤は車窓から富士山を探す。一種の験担《げんかつ》ぎだ。雲がかかって見えないことも多いので、はっきり見えるといいことがありそうに思える。

特に意味はないが、受験生を預かって東京へ向かうとなると、担げるものはなんでも担ぎたくなる。

「そろそろだね」

関目に声を掛けられて、進藤は驚いた。「なにがです?」

「富士山、探してるんだろう?」

(人の心が読めるのか?)関目と接していると進藤は時々そう感じる。

新幹線に乗っているのは、1月25日の聖マリアンナ医科大学から2月8日の日本大学まで、2週間以上にわたり東京で受験する生徒たちのうちの10人ほどだ。

20歳前後の学生が新幹線に乗れば、普通ならはしゃぐところだろう。コロナ禍で神経質になっている乗客もいるといわれるなか、ほかの乗客の迷惑にならないよう、コントロールに苦労するのではないかと進藤は覚悟していたが、まったくの杞憂だった。

生徒たちは皆、席に着くと思い思いの科目のテキストをバッグから取り出し、黙々と勉強を始めた。友人にも車窓の景色にも関心を示さない。

彼らが開いているテキストは、前日の直前授業で使ったものだ。メビオでは大学別に試験問題を予想して、講師が毎年作成する。

「大学の試験問題には明確な傾向があるうえ、入試には流行のようなものがあるから、実は予想はそれほど難しくないんだ」関目は言った。

「大学ごとの傾向は分かりますが、流行というのはなんですか?」

「入試において、例えばA大学で出たのとほぼ同じ問題が翌年B大学で出る、というように、数年単位である問題が人気になるんだよ」

(どうか、今年は当たりますように)

進藤は目をつぶり、心のなかに思い描いた富士山に祈った。

「あ、富士山だね」声を潜めて関目が言った。

慌てて目を開け、流れ去る景色に視線を向けた。

窓の外は雲が低く垂れ込めているせいで、視界はかなり悪かった。

灰色の巨大な山体が見えたような気もしたが、定かではない。

「見えたね」関目が言った。「富士山見えたよ」

進藤はうなずいた。「ええ、見えました」


メビオでは毎年、東京で受験する生徒のために品川のホテルを押さえている。入試ラッシュの時期は受験生にとって条件のいいホテルはすぐに予約でいっぱいになってしまうので、メビオでは毎年、早くから部屋を押さえているのだ。

ホテルに着くと、いったん部屋に荷物を置かせた。ただし、40分後には集合するよう伝えてあるので、生徒たちにはゆっくりくつろぐ暇はない。

「18時から明日の試験に備えて直前講習をやるので、会議室のあるフロアに集合してください」

フロントで人数分のチェックインを済ませたあと、一緒に新幹線で移動してきたメビオのＡＳが受験生にカードキーを手渡しながら、夜までの予定を告げた。

試験は明日から始まる。つまり、明日までにまだ時間があるのなら、その間を授業に充てるのがメビオのやり方だった。

ホテルの会議室を押さえてあるので、時間を掛けて各大学向けの講座を開ける。

２０２１年はコロナ感染予防のため、事前にホテルと協議して、消毒用アルコールの設置や窓やドアを開け放つなどの対策を取ることにしていた。

進藤も割り当てられた部屋に荷物を置くと、英語の授業を行うため、会議室に向かった。

メビオでは、過去にこうした直前テキストが、試験当日のテストでほとんどそのまま出題されたというケースが少なくない。そのため、最近では噂を聞いた他校の生徒が参加させてくれと言ってくることもある。

使うのはベテランの平川講師が作成したテキストだ。３年前から通算３回も長文問題を当てていると聞いた。

大学によって試験問題の難しさは違うし、やはり癖や傾向はある。例えば、進藤が今晩担当する東邦大学では英語の問題として医学的な文章を用いている。そのため、普段あまり触れる機会がない医学用語が大量に登場する。文章の構造が比較的簡単でも、単語が分からなければ意味が取れない。

"If an immunosuppressant was not invented, organ transplantation was impossible."という英文そのものはとても単純だ。

"immunosuppressant"が開発されなければ"organ transplantation"は不可能だった、という、中学生でも分かる文章である。

ところが、この2つの単語が分からないと、いくら考えても和訳できない。

医学部入試の英語では、こういう医学用語を使いたがる大学か、今流行の話題はなにか、などを頭において、今年の入試に出てくる問題を推測するのだ。まだ1年目の進藤には不可能だが、ベテラン講師たちは「推理」を楽しんでいた。

「この英文が訳せる人？」会議室の壁面に投影したプロジェクターの画面を指して、進藤は生徒たちに尋ねた。

8人の生徒たちは誰も手を上げなかった。

「まったく分からなくても、どこか1カ所くらい類推できそうな部分があるかもしれないから、簡単に諦めないように。そうだな、例えばこれらの単語のなかなら"transplantation"じゃないかな？」

生徒の一人が手を上げた。「移民とかそういう意味ですよね？」

「正解。でも、これが医学用語だとしたら、なにを表す言葉だと思う？」

「あ、分かった！」手を上げたのは南野だった。「移植……臓器移植だ」

「よくできました。じゃあ、移植はなにが開発されないと不可能だったんだろう?」

「薬です」別の生徒が答えた。「そうか。"immunosuppressant"は免疫抑制剤だ」

進藤はパチパチと拍手してたたえた。「すばらしい推理力です。そのとおり。ですから、この文章は『免疫抑制剤が開発されなければ、臓器移植は不可能だった』という意味になります」

遠慮がちに生徒の一人が手を上げた。「明日はそんなに難しい単語が出てくるんですか?」「出てきますけど、心配はいりません。受験校が決まってから、みんな医学用語はかなり覚えたはずです。あとは、試験開始の直前まで、単語を一つでも多く覚える努力を続けてください」

21時までガッツリ3時間の授業を行うと、さすがに進藤も疲れ切った。

授業が終わると、部屋に戻ってシャワーを浴び、バタリとベッドに倒れ伏した。

2月4日　遅刻だ!

翌朝、進藤は6時に起き出し、ビュッフェで朝食を取った。すでに起床して同じように朝食を食べている生徒も多かった。進藤が会場を見回すと、水島と仙田の姿しかない。

「おはよう」進藤が声を掛ける。「南野くんはまだかい?」

進藤の問いに水島は顔をしかめた。「まだ、寝てます」

それぞれ別の部屋なので、起こそうと思ったらチャイムを鳴らし続けるしかない。普段の水島なら、部屋から出てくるまで粘っただろうが、さすがにほかのお客さんもいるホテルで、それはまずいと思ったのか、途中で諦めてビュッフェに来たと言う。

「疲れもあるんだろうな。まだ少し時間があるから寝かせておいてやろう」

だが、その判断が間違いだった。腹痛を訴える生徒や英語の質問に来た生徒への対応に、思いのほか時間が掛かってしまったのだ。

気づけば８時を回っていた。試験を受ける生徒はまもなくホテルを出ようとロビーに集まっている。進藤はその集団のなかにクラスメイトの姿を探した。すると、水島が真っ青な顔でこちらを見ていた。

（……やってしまった！）進藤は一瞬で血の気が引いて、卒倒しそうになった。

急いで関目に連絡を入れて南野の部屋に向かうと、南野が寝間着姿で出てきた。しかし、状況はつかめたようで、手が震えている。

「受験票、入れたぞ！」

南野と進藤は部屋の中を右往左往しながら、カバンに筆記用具や財布を詰め込む。

「もう、ダメですかね」南野が珍しく泣きそうな顔をしている。

進藤が壁の時計を見る。もう少しで８時半になろうとしていた。

１教科目の外国語は９時半の試験開始だ。普段ならタクシーで飛ばせば20分の距離だが、この日は朝から雪が積もっていた。渋滞も考慮すると、ギリギリのタイミングだった。

「申し訳ない。僕がちゃんと起こしに行っていれば……」

進藤が謝ると、南野が首を横に振った。「先生のせいじゃないです。朝起きるのは自己責任ですよ。次から気を付けます」そう言ってカバンを肩に掛け、部屋を飛び出す。

「まだ、諦めないでください」ロビーに駆け付けた関目が息を切らしながら言った。

「でも、時間がもう……」

時計を指差す南野を無視して、止めておいたタクシーを指差した。

「大丈夫、間に合います！」

「こんな状況で、合格できるんですか？」

「それは分かりません。でも、過去には何人か、同じように遅刻して見事に合格した生徒がいました」

「僕が一緒に行きます！」

進藤は慌ただしく南野をタクシーに押し込み、すぐに自分も乗り込んだ。ドアが閉まった直後、

「ちょっと待ってください！」と叫ぶ女性の声が聞こえた。

声のしたほうを見ると、ＡＳが小さな紙袋を持って走って来る。進藤はドアの窓を開けた。

「これ、朝ごはん！　しっかり食べないと頭働かないでしょう？」

窓から紙袋を渡すと、「大丈夫、頑張ってきてね」と言って２人を見送った。

出発したタクシーのなかで南野が紙袋をのぞくと、まだ温かいおにぎりとペットボトルのお茶が入っていた。南野の目から不意に涙がこぼれた。

「バカ、これからが本番なんだぞ」進藤は南野の頭をワシワシとなでた。

「やるだけのことはやったんだ。あとは全力でぶつかってこい」

渋滞に出くわしたが、なんとか集合時間に間に合った。

会場前には生徒一人ひとりに激励の声を掛けて試験会場へと送り出すメビオ講師の姿が見えた。南野はタクシーを降りて校門へ歩み寄った。講師の激励やそれに応える受験生たちのにぎわいが耳にやかましいが、南野の心は不思議と穏やかである。南野は校門のところで出会ったメビオ講師に言った。「じゃあ、行ってきます」


試験会場がある学舎へと歩む南野の足取りは確かだった。背筋をまっすぐに伸ばし、前を見つめる彼の姿勢に、同じく学舎へと急ぐ受験生たちが自信とゆとりを感じて、苛立ちを覚えたほどだった。

南野自身も自分の落ちつきように少し驚いていた。

この1年はずっと、自分の成長を疑ってきた。

秋以降は、今までになく勉強に打ち込んできたから、それなりに成長しただろうとは思っていたが、受験は順位を争う競争だ。ほかの受験生以上に伸びていなければ、合格はおぼつかない。

そう考えると、不安がフツフツと湧いてきそうなものだ。

昨年の受験では、毎回のように舞い上がってしまい、フワフワと宙に浮いているような気分で、受験会場の席に着いたのを思い出す。

今年は一歩一歩、足裏で地面を感じる。

「そりゃそうだ」マスクの中で呟いた。

春から夏にかけて、基礎ばかりの勉強に反発して、文句ばかり言った。合格への最短ルートだという関目の言葉などまったく信じられず、「個別授業をしてくれ！」と怒鳴ったこともあった。

少し悔しい気もするが、関目の言葉は正しかった。実際に試験に挑むようになって、それが分かった。難問をスイスイ解けるわけじゃないが、今は基礎という足掛かりがあるので、手も足も出ない、と感じることがずいぶん減った。

水島や仙田、市山たちと1年を過ごしたことも貴重な財産だ。

年上の水島を最初は内心で「柔道バカ」と軽侮していたが、コツコツと生真面目に勉強を続け、着実に成績をアップさせる姿には知らないうちに影響を受けた。

遅刻魔の市山は反面教師だった。ただそれだけではなく、授業では時々驚くようなひらめきを見せてくれた。コツコツが苦手でも、人それぞれの持ち味で勝負ができることを南野は彼女から学んだ。

そして仙田——彼女のピアニスト宣言には驚かされた。自分と似た境遇の彼女が医師への道を捨てようとしたことに、裏切られた気がして腹を立てたこともあった。だが、冷静に振り返ると、身を削るようにして勉強をしていた彼女だからこそ、人生の選択で妥協できず、思い切って舵を切るしかなかったのだろう。

腹を立てながら南野自身もそんな彼女の姿を見て、自分の将来についてもう一度真っさらな気持ちになって、考えることができた。

その結果たどり着いたのは「医師になるのだ」という決意だった。「なりたい」とか「ならなきゃ」ではない。今このとき、「タートルズ」と呼ばれた全員がその思いを共有しているはずだ、と彼は確信していた。

今年、試験を受けるのは彼らとともに1年を歩んだ南野拓巳だ。

迷うことが減った秋頃からは大量の質問を抱えて、毎日のように講師室に通った。担任の関目や進藤はもちろん、すべての講師が手間を惜しまず、分かるまで徹底的に答えてくれた。昨夜はそんな講師たちが今日の試験に向けて、予想問題を作り、ホテルで授業を行ってくれた。

そんな恵まれた環境で学び、試験に挑むライバルがほかにどれだけいるだろうかと思うと、南野の胸には自信がフツフツと湧いて来た。

受験番号ごとの教室割が貼り出してある掲示板の前には人だかりができていた。

コロナ感染を予防するため、南野はやや遠目から確認し、自分が受験する教室へと向かった。

満席になれば200人くらいは入りそうな教室だったが、本来4人で使うであろう長机には、1人分の番号しか貼られていなかった。

入口に置いてあるアルコール液で手を消毒し、教室に入る。すでにほとんどの生徒が着席しているなか、南野も席に着き、丁寧に削ってある鉛筆を取り出した。

数分で試験官がやって来て、試験についての注意事項を説明し始めた。

説明が終わると、問題と解答用紙が配られた。静寂のなか、紙がこすれるカシャカシャという音だけが広い教室に響く。

1教科目は数学だった。

落ちついていたつもりでも、南野の心臓は鼓動を早めた。

「それでは、始めてください」

試験官の声を合図に、全員が一斉に問題の冊子を開いた。

3問ある設問を南野はまず、ざっと確認した。1問目は解答にたどり着くのに手間が掛かりそうだった。2問目を見て、思わず「よし！」と声を漏らしそうになった。昨夜、ホテルの広間で開かれた直前授業で出た問題と、瓜二つの問題だったからだ。

3問目はひらめきを必要とする難問だった。南野は迷わず、2問目から解答を始めた。

15分ほどで解答を書き終え、続けて1問目に取り掛かる。解き方は分かっているつもりで始めたが、しばらくして雲行きが怪しくなった。どこかに勘違いがあったらしく、答えにたどり着けないのだ。

南野の額に汗が浮き始めた。マスクが息苦しく感じられて仕方がない。解けない問題ではない。焦っているせいで、ミスを見逃しているのだ。同じ問題に固執していては時間を浪費するばかりだ、と判断した南野はひらめきで解けそうな3問目に取り掛かることにした。

ところが、こちらは肝心のひらめきが降りてこない。授業で教わったとおり、問題文を何度も読み返してみたが、頭に血が上っていることもあって、発想を切り替えられないのだ。

このままでは、解けたのは2問目だけで、他の問題はほとんどできないまま、試験が終わってしまう。

残り5分というところで、南野は深呼吸するために机から顔を上げて、背筋を伸ばした。姿勢を変えたせいで、思わぬものが視界に入った。斜め前の席に座っている受験生の答案用紙が見えたのだ。

3問目の答えが分かった……と思ったが、そこでふと、南野は冷静さを取り戻した。見えた答えが正解かどうかは分からない。正解だった場合には、それらしい公式をあれこれ並べて、最後にその答えを書けば、ある程度の点数をもらえるかもしれないが、間違いだったら確実に0点だ。

一方、答えにはたどり着けないものの、自分なりにあがいた結果を答案用紙に書けば、0点にはならないかもしれない。

残り時間は4分。迷う時間はなかった。

南野は鉛筆を握り直した。


受験は生徒を消耗させる。

人生がかかったテストを1日がかりで受けるのだから、当たり前のことだが、ホテルに戻ってきた生徒たちは精根尽き果てた顔をしていた。

明るい顔をしている生徒も何人かいるが、大半は疲れ果て、今にも倒れそうだった。

そんな彼らに関目は「夕食のあとは明日に備えて授業をします」と告げた。

「ええっ！　今日くらい休ませてくださいよ」南野が悲鳴に近い声を上げた。

「その気持ちは分かります。実際、うちの生徒以外の受験生はみんな休んでいるでしょう。でも、必死に問題と格闘した日に、きちんと解き直すことで、学力は効率的に伸びるんです。ライバルが止まっている間に成長できたら、合格できる可能性はどんどん高くなりますよ」

「そんなこと言われても、もうエネルギーが残ってません」ヘナヘナと南野は廊下に膝をついた。

関目も膝をつき、彼の肩に手を置いて目を合わせた。「立ってください。ここで、立てるかどうかが合格できるかどうかの分かれ目です」

「そんなわけないでしょ」

「私が今まで、嘘を言ったことがありますか?」

目を伏せ、黙り込んだ南野の脇に肩を入れると、関目は無言で彼を立ち上がらせようとした。

進藤も彼にならい、反対側から南野を支える。

「ちょっと、やめてくださいよ。恥ずかしいじゃないですか」文句を言いながらも、南野は自ら足に力を入れて立ち上がった。

関目と進藤も一緒に立ち上がる。

「これで、合格できるんですよね?」

南野の言葉に、関目がうなずいた。「もちろんです」


南野同様激しく疲労しているはずだが、夜の授業が始まると生徒たちは真剣に聴き入り、ノートを取った。南野ももうふて腐れることはなく、食い入るように講師の言葉に耳を傾けている。

実は講師の側もかなり消耗していた。問題を入手してすぐ、模範解答を作り、その教え方を考えなければならないからだ。メビオでは、予備校業界一早い解答速報を目指し、現地の講師が総出で対応する。そうして、試験を終えた受験生が出てくる14時頃には、すでにプリントアウトを終え、会場を出る生徒たちに無料で配付している。

もちろん、模範解答に間違いがあってはいけないので、1教科ごとに複数の講師で話し合い、チェックしながら解答を作成することになる。時間と手間が掛かり、神経を使う仕事だ。夜になってそれを教えなければならないので、1日の実働時間はかなり長くなる。疲れた身体にむち打って、授業を進める講師の思いが通じるのだろう。必死に聴き入る生徒たちの姿には鬼気迫るものがあった。

(ここまでやるのか)

予備校講師として働いてきたなかで、初めて体験するラストスパートのすさまじさに、進藤は胸が熱くなった。

担当するタートルズについては正直、全員合格どころか、誰か1人でも合格できればと思っていたが……。

(これなら、関目先生の言うとおり、全員合格するぞ)

進藤は初めて、そう信じることができた。

翌日は帝京大学の試験だった。タートルズでは市山と南野が出願している大学だ。

さすがに、眠い目をこすりつつも南野は早朝から起きてきたし、市山も遅刻することなくホテルを出発した。

関目と進藤は大学の前で彼らを迎え、試験会場へと送り出す役割の担当だった。寒風が吹きすさぶなか、なかなか厳しい仕事だ。それでも、見知った顔を見つけた生徒たちの表情が緩み、ホッとした表情で試験会場へと向かうのを見ると、進藤はやりがいを感じた。

受験するはずの生徒が全員、大学の構内へと無事に入っていったのを見送って、関目と進藤は近くのカフェに飛び込んだ。身体が芯まで冷え切り、つま先は氷のようだった。しゃべろうとすると、あごが震えて、歯がカチカチと鳴った。

「今日はトラブルなさそうですね」

進藤の言葉に、関目は首を横に振った。「それはまだ、分からないよ」

１教科目が終わる少し前に関目はカフェを出て、大学の校門前に戻ると言った。

「３教科あるんですから、生徒が出て来るのは早くても15時前ですよ」

「それならいいんだけどね」謎の言葉を発して、関目は校門前に立った。

しばらくして、進藤にも関目の言葉の意味が分かった。

背中を丸め、うつむいて校門から出てくる生徒がいたからだ。

「あれ？　市山じゃないですか？」

関目がゆっくりと歩み寄り、人影に声を掛けた。

「あれ、関目先生？」市山は驚いた顔で首をかしげた。「進藤先生までどうして？」

「それはこっちが聞きたいよ」思わず進藤はきつい口調で言った。「まだ1教科目の試験が終わったところだろう。それなのにどうして、出て来るんだ？」

「英語、全然ダメだったので、もう、帰って休もうかなぁって……」

関目は彼女の肩をポンと叩いた。「全然ダメだったのは君だけでしょうか？」

「それは分かんないけど」

「受験では時々、ほとんど誰も解けない『難問・奇問』が出ることがあります。それなら、大半の人ができていないので、差はつきません。午後からの教科が勝敗の分かれ目になるはずです」

「な、なるほど！　そういうのもありか」

「恋愛では、たとえどんなに不利な状況でも、最後まで大逆転を狙うんでしょ？」

「そんなこと私、言ったかなぁ」

ほおをふくらませながらも、市山はきびすを返して大学の構内へと戻っていった。


夕方、ホテルに戻った市山は改めて、進藤と関目のもとにやって来た。

「昼間はサンキュー！」

「あのあと、どうだった？」進藤は尋ねた。

「バッチリ！……とまではいかないけど、午後からは結構落ちついてできたから、そんなにひどくはないと思う、きっと」

「気持ちを切り替えて、よく頑張りましたね」関目が褒める。「午前中の英語ですけど、解いてみた先生がたからはやはり、かなり癖が強い問題だという声が上がっています」

進藤も解いてみたが、解答を導くためのポイントがあまり用意されておらず、大半の受験生は苦戦するだろう、と思われた。

単純に内容の理解度によって正答率が決まるタイプの問題なのだが、その内容を理解しようにも、語彙のレベルが高く、文章がかなり硬めなので、独特の読みにくさがある。受験生にとっては大きなプレッシャーを感じる問題だったはずだ。「じゃあ、できなかったのは私だけじゃないんだ」市山の表情がほころんだ。「ラッキーかも！」

遠征2日目にして、進藤はクタクタだった。

トラブルが起き過ぎている。そのたびに、対応を考えて走り回ることになる。まだ1年目の彼が自己判断できる範囲は限られているので、関目の指示に従うのが基本だが、やるべきことが多過ぎた。

（これじゃパンクする）

会議室での授業を終え、部屋に戻った進藤はとりあえず風呂に入ることにした。

温かいお湯につかっていると、激しい眠気に襲われた。

いつの間にかうたた寝してしまったらしく、ズボッと頭まで湯につかって目が覚めた。

風呂は諦めて、とりあえず一眠りすることにした。

ベッドに入ってどのくらい経っただろう。けたたましい着信音で目を覚ました。

ベッドサイドで明滅するスマートフォンに手を伸ばすと、画面をのぞき込む。

電話の主は水島だった。

「どうした？」

頭に浮かんだのはトラブルだった。

（体調不良、電車に財布を落とした、それとも誰かと喧嘩した？）

「夜分、申し訳ありません。あの、仙田さんのことなんですけど……」

「仙田さんがどうしたの？」

「眠れないらしくて」

話を聞くと、水島と南野、それに仙田の3人はグループＬＩＮＥをしていたらしい。時間が遅くなり、そろそろ寝たほうがいい、と水島が何度か促したが、仙田が嫌がる。事情を尋ねると、眠れないということだった。

仙田は明日が獨協医科大学の試験だ。ほかの3人は受験しないので束の間の休みを取れるが、彼女は親の手前もあり、受験できる大学は全部受けることにしていた。

（ほかのクラスメイトが受験しないから、不安が大きいのかもしれない）

安心できるよう声を掛けられたらいいが、掛けた言葉が逆効果になることも考えられる。

迷った末、進藤は関目に電話を入れた。

「はい？」ワンコールで関目は応えた。

「仙田がどうやら眠れないとパニックになっているようです」進藤は手短に事情を説明した。

「事情は分かったよ。さて、どうしよう？」

関目に尋ねられて、進藤は自分が試されていることを察した。授業で生徒に尋ねるのと同じで、就任してもうすぐ1年になる若手講師がなにを学んだか、関目は知りたいのだ。

この1年間で進藤が学んだのは、受験は団体戦だということだった。

それまでの講師生活ではずっと、個人戦だと思っていた。クラスメイトは単に机を並べる他人に過ぎない。頼ったり頼られたりする相手ではない。受験生仲間をつくることに意味などない、というのが進藤の認識だった。

メビオに来て、それが少しずつ変わっていった。

(受験は団体戦として挑んだほうが楽に戦える。つらい勉強を来る日も来る日も続け、大きな挫折だって乗り越えることができるんだ)

これが、進藤が得た最も大きな学びだった。

「実は一つ考えがあります」自分なりの解決策を進藤は関目に告げた。

「いいね！」関目の声が弾んだ。「じゃあ、それをやってみよう。ダメならダメで、また別の策を考えればいいいから」

進藤の依頼でＬＩＮＥのグループを立ち上げたのは南野だった。そこに水島と仙田が参加した。今はこのつながりに頼るしかないと進藤は考えた。

「グループＬＩＮＥでみんなに集合を掛けてみてほしい」

進藤はそう水島に伝えて電話を切った。信じるしかない、と。

これまで勉強の邪魔だからとスマートフォンをもたなかった仙田だが、見知らぬ土地で迷子になったら困るからと、受験直前、母親から送られてきたのだった。

スタンプのついたメッセージをやり取りするなかで、母親との距離も近くなっていた。

《市山さん、来るかな？》

仙田がそうメッセージした直後に市山が入ってきた。

市山《なに？　なにが起きてるの？》
水島《仙田さんを寝かせる会》
南野《寝るまで付き合う会》
水島《仙田さん、明日頑張って》
仙田《南野さん、水島さんいろいろありがとう！》
南野《市山さんは明日と明後日は試験がないんですよね？》
市山《ないで〜す。ずっとないといいなぁ》
水島《そういうことを仙田さんの前で言わないようにw》
市山《りょ　ていうか、それなら水島くんたちもう寝たらw》
南野《りょ　です》

その後、仙田が落ちついて寝付くまで、市山とのやり取りが続いた。

翌朝、朝食を食べにビュッフェに現れた仙田は少し眠たげだったが、表情は明るく、まなざしには力があった。

「おはよう。少しは寝られたみたいだな」進藤は声を掛けた。

「おはようございます。昨夜はありがとうございました。日世里ちゃんがいろいろ面白い話をしてくれて、笑っているうちに寝ちゃってました」

「それなら大丈夫だ」

皿を取りに行った彼女を見送った進藤は、関目がコーヒーを飲んでいる席に歩み寄った。

「おはようございます」

「夜中までお疲れ」

「なんとか、うまくいったみたいです」

進藤が報告すると、関目はうなずいた。「1年でずいぶん成長するものだね」

「ええ。間近で見てると、感動します」

そう答えてから、関目が言ったのは自分のことだろうか、とも進藤は考えたが、あえて尋ねなかった。

2月5日　消耗戦――後期出願

東京遠征から大阪に戻った翌日、関目がインフルエンザで倒れた。

進藤のもとに連絡が届いたのはその日の早朝だった。体調の異変に気づいた関目は早朝から夜間診療所を受診して、検査結果が出てすぐ進藤に電話を入れたのだ。

短く注意事項を伝えると、「こんなときに戦線離脱して申し訳ないけど、1週間は休みを取るので、あとをよろしく」とだけ言って、関目は電話を切った。

テレビでは北極圏の寒気団が南下していると報じていた。

生徒にとっては心身ともに最も過酷な季節だ。そろそろ、一次合格の知らせが入り始めるなか、二次試験を受験するための移動も必要になる。

医学部がある大学は全国のあちこちに散らばっているので、東京はもちろん、福岡、岡山、金沢、愛知、久留米……と受験生は日本中を飛び回ることになる。本学以外での受験が可能なのは岩手医科大学くらいだ。

そのため、多くの受験生は東京に滞在して他大学の一次試験を受ける合間に、新幹線で岡山に移動して二次試験を受け、また大阪や東京に向け新幹線に乗る、といった大移動が必要になる。

若いとはいえ、移動は体力を消耗する。さらに、慣れないホテル暮らしで神経が参ってしまう生徒も少なくない。

「枕が変わると眠れない」というタイプにとって、移動して試験、また移動して試験という日々は大きな苦痛を伴う。

タートルズのメンバーでは、水島は柔道の選手時代にあちこち渡り歩いた経験があるだけに、移動やホテルでの宿泊を苦にしないという強みをもっていた。入試シーズンが始まってからの授業に精力的に出席したこともあり、最後の最後で数学の成績がめきめきと伸びていた。

仙田はいちばんダメージを受けるほうだが、その分、用心深く健康に気を配っていた。関目も進藤も彼女が入試シーズンを乗り切れるか心配していたが、倒れることなく試験に挑んでいた。

そんななか、最も早く結果を出したのは市山だった。帝京大学の一次試験に合格したのだ。

「英語で点数を稼げたのは進藤先生のお手柄だよ」関目はそんなふうに彼女の合格を評価した。

「それに加えて、生物を頑張って点数を稼いだようだね」

「言語能力は高いので、二次は期待できますね」

進藤が言うと、関目は電話口で呟き込みながら「二次は合格するよ」と断言した。

ほかのクラスメイトが健闘するなか、いちばん問題となったのは南野だった。

「諦めさせないよう、気を付けてほしい」電話口で関目はそう告げた。

試験を終えてホテルに戻ってくる彼の足取りはいつもひどく重たかった。

「手応えが全然ないです」

自分でも嘆いているとおり、この時期になっても一次合格をまったく取れなかった。

大学入試は大きく分けて、11月下旬から12月初旬にかけて多く行われる推薦入試と2月の中旬までに行われる前期試験、それに前期試験に引き続いて行われる後期試験という3つのスパンで構成されている。

ただし、推薦入試や後期試験の枠は小さい。特に、後期試験の場合は小さな枠に前期試験で全滅した受験生や、希望していた大学の合格を得られなかった受験生が殺到するので、すさまじい倍率になる。

受験科目が少ない金沢医科大学などは150倍近い倍率になることもあるから、多くの受験生は「今年の合格はもうない」と試験を受ける前に諦めてしまう。

たとえ1校でも前期の一次合格が取れるかどうかは、受験生にとって今期の合格を目指して頑張り続けられるかどうかの大きな分かれ目なのだ。

進藤が講師室でテキストを作成していると、市山と南野がやって来た。

「関目先生大丈夫ですか？」

市山の問いに進藤はうなずいた。「電話で話したけど、大丈夫そうだったよ。もしかしたら、本当は今頃ハワイかもしれないいな」

「ウケるぅ。でも、海に入ったら溶解してイオン化しそう」

南野がククッとマスクの中で笑った。「ちょっと、失礼だろ」

「なによ、自分だけいい子ぶって」

やり合う２人を見て、進藤は思わずほほえんだ。「仲がいいなぁ」

「よくないですよ」２人の声がそろう。

仙田と水島は二次試験のために遠征中だ。

同じように、試験を受けに出掛けている生徒が多数いるので、メビオの校舎内はいつになく閑散としていた。それでも、まだ一次合格が１校もない生徒が、諦めずに授業を受けている。

２校や３校ならまだしも、７校も８校も不合格になると精神的なダメージが大きい。

「久留米も福岡もダメだったのは正直、きつかったですね」笑いながら南野が言った。「もうダメっぽいので、春からまた、お世話になります」

目元は笑っているが、声に以前のような力がないことに進藤は気づいていた。

「まだ、分からないじゃん」市山が言った。

「そうだぞ、後期試験があるんだから」進藤は言った。

「もう、受けなくて大丈夫です。だって、宝くじみたいな確率じゃないですか。前期が全滅なのに、合格するわけないですよ」

「確かに確率は低い。でも、ゼロじゃない。やれることがあるなら、最後までチャレンジしてみてほしい」

南野は首を横に振った。「もう、無理です」

「ちゃんと受けなさいよぉ」横から市山が言った。

「イヤだって。もう、つらいんだ」

「つらいってなによぉ。医者になるのを諦めるんならいいけど、来年受ける気があるなら、後期試験も受ければいいのに。医者になったら、もっとつらいことがいっぱいあるわよ……分かんないけどさ」

自室に戻った南野は机の前に座った。昨日受けた試験の問題とメビオの講師が作った解法のテキストが開いたままになっている。

それらを丸めてゴミ箱に放り込もうとして、手を止めた。

関目や進藤が言っていたとおり、試験シーズンに入ってから、学力が伸びている実感は確かにあった。試験でヘトヘトになったうえ、さらに勉強をするのはものすごい苦痛だったが、その日できなかったことを教えてもらうと、砂地に水をまいたように知識が入ってくる。

悔しいが、関目の言うことはこれまで全部、当たっていた。

「分かりましたよ。後期試験を受けますよ」

1人呟いて、南野は試験問題を広げ直した。

メビオに実在した医学部合格者のエピソード⑤

ゲーム好きな性格をうまく活かす

中堅公立高校出身で、勉強らしい勉強をしたことのない受験初心者だった金村くん。物腰は柔らかく、どこかふわふわしたところがありながら、意外と性格的にきついところもありました。食べ物の好き嫌いが激しいところにもそんな一面が表れていました。高校時代はあまり勉強をしていませんでしたので、1浪で入会してきた時点の学力は、金村くんなりのやり方で好きなところをつまみ食い、といった状態でした。メビオの春期講習は下位クラスからのスタートでした。

メビオの春期講習は、本科からの受験に向けた勉強の足掛かりとなる基本中の基本をスピーディーに固め直す内容です。素直に講師の話に耳を傾けられる金村くんはそれまで散らかっていた頭のなかをある程度整理することで、めきめき頭角を現していきました。

本科前期からは、「少し上のクラスで鍛えたほうがよい」という春期講習を担当した講師の判断もあり、中堅クラスで勉強することになりました。「勉強が楽しくなってきた」と言って、よく講師に質問をしていました。これも初心者ならではの素直さという強みなのでしょう。「難しいですねー」と言いながら楽しそうに勉強する金村くんでしたが、得意の数学では「センスは良いが、計算がふにゃふにゃ」、「細かい処理になると手を抜こうとする」といった弱点があらわになりました。口癖のように「方針は合っているから」と言い訳する金村くんに対し、鷹合は「答えが合っていなければダメ」と言い続けました。それでも「まあ符号が違うだけですし」などと言い放つあたり、どこまでも前向きでふてぶてしい金村くんらしいのですが、どうも直観・センス頼みで、論理的に詰めていく作業が不得意でした。夏期から私立志望の最上位クラスに上がった金村くんに対して、数学の高橋はある程度直観頼みのスタイルを認めつつ、少しずつ根拠をもって答えられるように指導しました。それは難しい問題に対して諦めが早いという姿勢に対しても同様でした。苦しくなるとすぐに顔を上げる金村くんに対し、高橋は手を使って「あと30秒待て」というジェスチャーを送りました。そして「あと1分」、「あと5分」と少しずつこらえる時間を長くしていくことで粘り強く考える姿勢に誘導したのです。

苦手だった英語も夏の終わりには偏差値が2倍にまで上がりました。上田は英語の考え方を軸に指導することで、単純暗記の苦手な金村くんが「分かる」楽しさを感じられるように授業を行いました。平沢は「知識がない分、文脈で素直に単語の意味を考えられる」金村くんの長所を褒めて伸ばしつつ、知識不足を少しずつ補うように指導しました。近畿大学推薦入試に向けて勉強を始めると、間違えた問題を一つずつ平沢と検討して知識の穴を埋めていきました。ゲーム好きな金村くんにとっては過去問をこなすという実践的な勉強が肌に合っていたのでしょう。初めは半分も取れなかったのが、なんとか7割を超えるまでに成長したのです。

近畿大学推薦入試を見事突破して勢いに乗った金村くんは、その後も努力を続けて関西医科大学に合格。高橋いわく、「感覚のよさに裏付けができた」ことが勝因でしょう。さまざまなタイプの生徒に合わせて、指導方法を柔軟に使い分けることができる講師陣の存在は金村くんの劇的飛躍に少なからず役立ったのではないでしょうか。

（２０１７年　関西医科大学進学）

エピローグ　春――それぞれの結末

3月30日　祝賀会――始まり

1年は長く、そして短い――メビオで働いてみて、進藤はつくづくそう感じた。

「昨年の春には子どもにしか見えなかった生徒たちが、今日はそれぞれ大人に見えます。修羅場を戦い抜いて勝利を手にした自信が彼らを変えたんですね」

「スーツやドレスを着ているからだろ」関目が笑った。そういう彼も、普段は見せないスーツ姿だ。

祝賀会ということで、生徒たちは皆、思い切りドレスアップしている。男子はスーツがほとんどだが、羽織袴の者もいる。女子はドレスや袴、着物と色とりどりだ。

本日のベストドレッサー賞があとで発表されるので、賞狙いの生徒も少なくない。

「1年でそこまで人の中身は変わらない。彼らはまだ、スタートラインに立ったばかりなんだぞ」

冷静に分析する関目だが、会場を見渡す顔は晴れ晴れと明るかった。

中之島のホテルの宴会場を借り切って開催される祝賀会は、メビオにとって1年の締めくくりになる行事だ。

頑張ってきた生徒たち、信じて付いて来てくれた生徒たちをねぎらい、合格をお祝いする一大イベントであり、1982年に初めて卒業生を送り出して以来、ずっと続いている。

「音楽まで自前なんですね」進藤は感嘆の声を上げた。

楽器を演奏できるＡＳや講師がフルートやヴィオラなんかを持ち込んで、演奏するのだ。

「この日のために、頑張って練習しているんだよ」関目が言った。

「皆さんがこんなに多才だとは知りませんでした」

祝賀会ではもちろんアルコールも出る。

成人している生徒も合格するまではほとんど飲む機会がないので、久しぶりのお酒が回るのは早い。

あちこちで出来上がった生徒が歓声を上げている。

「例年はもっと大騒ぎなんですけどね」少し残念そうに関目が言った。

「あーっ、関目ぇ、なにたそがれてるかなぁ」彼の姿を見つけ、会場を横切って飛んできたのは市山日世里だった。

シースルーのフワフワが重なったロング丈のドレスを着ている。巻きに巻いた髪とフリルのボリュームがベストドレッサー賞への意気込みを示していた。

「マスクさえなければ、私の美貌で圧勝なんだけどなぁ」

帝京大学の一次試験に合格した彼女はそのまま二次もすんなり突破した。

「4月からは東京だよ。私がいなくなると、女子寮には入れないから、関目先生も進藤先生も寂しいでしょ？」

「あっちでも一人暮らしだろう?」進藤は言った。「もう起こしに行けないから、目覚まし時計を5個くらい買えよ」

「はーい……っていうか、夏の一件以来、朝起きられるようになったんだから!」

「それはすごい。大成長じゃないか」

不意にピアノの音色が変わった。

会場に置いてあるピアノは1台だけだから、弾き手が替わっただけだが、明らかに音が強く豊かになった。

「仙田さんだ!」市山がはしゃぐ。

ピアノの前に座っているのは仙田志帆だった。最初から、ピアノを弾くつもりだったのだろう。

こちらはリサイタルのようなドレス姿だ。

彼女が奏でる華麗な音色にそれまで騒いでいた生徒たちも静まる。

「ショパンの『英雄ポロネーズ』ですね」関目が呟く。

「ここにいるみんなが英雄だと言いたいんだろう」

仙田は本命だった同志社大学の経済学部に合格したのに加え、「親を納得させるため」という名目で受けた金沢医科大学の後期試験にも合格した。

どちらを選ぶか、ずいぶん悩んだようだが、結局、彼女が選んだのは医学部への進学だった。

その選択に、親の意向がどれだけ入っているのか、進藤には分からない。

だが、医師になって後悔することはないだろう、と思っていた。

（無責任な言い方かもしれないけど、日本中の受験生やその親が、これほどまでに目指す仕事が悔やむことの多いものであるはずなんてないだろう）

ピアノを弾き終えた彼女は立ち上がり、万雷の拍手のなか、コクンと頭を下げた。

そのまま去りかけて、ふと手を伸ばし、ピアノに触れ、いとおしむように指先でなでた。

関目がもう一度拍手すると、会場も再び拍手で沸いた。

「今までいちばんうまく弾けました」関目のもとにやって来た彼女はそう言って笑った。

「春からは新しいチャレンジですね」

「はい。ダメダメだった私が医者になっていいのかな、って思いますけど」

「修羅場をくぐって医大生になったんです。きっとすばらしいお医者さんになれますよ」

市山が無言で拳を突き出すと、仙田も自分の拳を突き出し、「ノータッチのグータッチ」を交わした。

「関目先生！　進藤先生！」ひときわ大きな声で呼ばれて、進藤は振り向いた。

スーツ姿の水島はマフィアの用心棒のように見えた。サイズが合っていないようで、腕と胸の筋肉がスーツの生地をパンパンに盛り上げている。

アルコールが入った顔はすでに真っ赤だ。

「会いたかったです！」

水島は一次試験で川崎医科大学に合格したが、二次試験では不合格になった。ところが2月も終わる頃になって補欠合格の通知が届いた。

「奇跡ですね」

進藤がそう言うと、関目は首を横に振った。「地道に基礎を繰り返してきたからこそ、起きたことです」

模擬試験の成績が上がらなくても気にするな、と関目が水島に言い続けたのには根拠があったのだ。

「ありがとうございます。先生の言葉がなかったら、俺、心が折れてました」水島はグズグズと泣いた。

水島の涙が止まるのを待って、進藤はそっと尋ねた。「南野くんからは連絡があるかい？」

「LINEくらいですけど」水島の表情が曇る。「後期も全滅なんですよね」

南野は合格を勝ち取れないまま、メビオの寮を出て鹿児島の実家に戻った。

「きっと、進藤先生のせいだと思ってるんでしょう」関目がボソリと言った。「傷ついて、トラウマになっているんじゃないですか」

「そんな……」

後期試験を受けるよう励ました分、進藤は結果に対して責任を感じていた。

「励まして、受験させたことは正しかった、と信じています。でも、その結果、南野が傷つき挫折しているなら、もう一度立ち上がれるよう、関わるのが自分の使命だと思うんです」

「それはそうだな」関目がうなずく。

「傷ついているんだろうな」

呟いた進藤に誰かが背後から声を掛けてきた。「傷ついてませんよ」

進藤が振り向いた。スーツ姿の南野がいた。

「うわっ！」驚く進藤。「なんで？　この格好？　ってことは？」

「ああ、やっと来ましたね」関目が笑った。「合格おめでとう」

「ええっ？　全滅じゃなかったんですか？」

南野が気恥ずかしそうに口を開いた。「久留米の後期は合格でした」

「すぐに連絡くれたらよかったのに！」

「すみません。関目先生に連絡したら、サプライズにしよう、って言われたので」

（やられた！）

進藤がにらむと、関目はクスクスと笑いだした。「こういうのもいいだろう」

「そんな大逆転が……」

「あるんだよ、これが」

市山と仙田がやってきて、南野に向けて拳を突き出した。

「進藤先生、ありがとうございました」南野は進藤に向かい深々と一礼した。

「後期試験に出願できたのは君の踏ん張りだよ」

「それもありますけど、先生が医師になることの意味を教えてくれたから、合格できたんだと僕は思っています」

「結局、医師になる意味は見つかったのかい？」

ためらいがちに南野はうなずいた。「はい。この1年、僕は人生でいちばん苛酷な日々を送りました。何度も諦めかけたけど、最後まで勉強を続けられたのは、いろいろな支えがあったからです。先生たちはもちろん、タートルズのみんなやASさん、食堂の人たち……いろんな人たちが僕を支えてくれました。そういう、人を支える人間になりたい、って自然に思えるようになったんです」

「医者じゃなくても、そういう仕事はたくさんあると思うけど」試すように関目が言った。

「そうだと思います。でも、僕には継ぐべき病院があります。経済的にも恵まれているその仕事に就くだけで、家族や地域の人たちを支えることができるんです。

進藤先生にも教わりましたけど、僕は善人ではないので、しっかり収入を確保したうえでないと、人を支えることにやりがいを感じて、幸せであり続けるのは難しいでしょう。だとしたら、僕は医師になって病院を継げるんですから、その幸運を目一杯活かすべきだろう、って思ったんです。

ただ、それは今、人生経験の浅い今現在の僕がもっているモチベーションに過ぎません。たぶんこれから、医学を学んだり、医師として働いたりするなかで、もっといろいろな動機をもてるようになるんじゃないか、と期待しています。だから、モチベーションになるものを探すためにも、国試に受かったら、医療ボランティアなんかもやってみたいな、って」

「なんだよ、カッコいいじゃないかよ」横から水島が茶化した。

「水島さんは最初から、支える側の人ですよね」

南野が言うと、水島は首を横に振った。「そう思ってたけど、この1年は南野と同じで、支えられてばっかだったよ。改めて、脳筋じゃヒーローにはなれないな、って思うことが多くて、医師になりたい、ってマジで頑張れた。俺は大成しなかったけど、医者になったら、スポーツ選手をケアするドクターがいいかな、って思ってる」

「選手よりよく泣く医者はダメなんじゃない」市山が笑った。

「そういう君はどんな医者を目指すんだ？」真顔で水島が尋ねた。

「うーん、やっぱ稼げる医者！　マジで、美容整形がいいかな、って思ってる。収入はもちろんだけど、人をキレイにする仕事って、やりがいがあるよ、きっと」

仙田がうなずく。「そうよね。健康って、身体だけじゃなく、心のほうが大事なところもあるもんね。私はこの1年、市山さんにすごく支えられたからよく分かる。

関目先生と進藤先生にもすごくお世話になりました。ピアニストになりたい、なんて私が言い出したせいで、先生たちには迷惑をお掛けしたと思うんです。でも、否定せずに応援してもらえたおかげで、冷静に音楽と医学について考えることができました。

心が折れそうなとき、支えてくれる人って社会のなかでも大切な存在だってあのとき、心の底から感じました。だから、私は心療内科か精神科を目指したいって思ってます。ピアノを弾けるから、音楽療法とかもやってみたいし」

「いいね、それ！　さっきの演奏、超かっこよかったもん」市山がはしゃぐ。

「全員合格だ」誇らしげに関目が言った。

「おかげさまで、大変だったけど、すごく充実した1年でした」進藤は言った。「みんなやがて医師になり、誰かを助けるんですよね。その手伝いをできるのはすばらしいことだと感じました。まだ、まったく届きませんけど、いつか関目先生のようになりたいです」

「それは低過ぎる目標だな」

「そういえば……」ふと思いついて、進藤は尋ねた。「ヘリウムってなんだったんですか？」

「なんですか？　それ」水島がくいついた。

「よく、そんなことを思い出しましたね」

南野に加え、市山と仙田も興味をもっている様子を見て、関目はため息をついた。

「まったく面白い話じゃありませんよ」

「いいから教えてくださいよぉ」市山が言う。

「去年の3月、まだ新しい年度が始まる少し前に、メビオの卒業生が遊びに来てくれたんです。会うのは6年ぶりでした。その彼が僕を見て『先生は変わらない。ヘリウムみたいです』って言ったんです」

「えーと、ヘリウムはほとんど化学変化を起こさない物質だからですね？」仙田が解説した。

「なんだ、褒め言葉じゃない、それって」市山が首をかしげる。

「たぶん、そのつもりだったんでしょうけど、僕はちょっとショックを受けたんです。変化がないということは成長していないということですから。でも、ヘリウムだってほかのモノと反応して、違うモノになることがあるんです。それがNa2Heという物質です」

「先生の憧れ……」南野が呟いた。

「中国の研究チームが存在を確認した物質で、なんと113GPaという高圧下で……」

「みんなで写真を撮ろうよ！」関目の言葉を遮って、市山が言った。

通りすがりのASにスマートフォンを手渡し、それぞれにポーズを指示する。

「表情が硬いですよ」

ASに言われて、進藤は笑みを作った。

「まだ硬い。そんなんじゃNaなんとかになれませんよ！」

思わず噴き出した瞬間、シャッター音が響いた。

小さな電子音が進藤には、いくつもの人生の幕開けを告げるファンファーレに聞こえた。

メビオに実在した医学部合格者のエピソード⑥

長所を活かして短所を克服

竹谷くんは高校ではシミュレーション研究部に所属し、カードゲームやボードゲームを楽しんでいたそうです。学校の成績もむしろ良いほうでしたが、京都大学を目指すという目標のもと、受験に向けた勉強を始めるために高校2年の春からメビオに通うことになりました。得意の数学は高校2年の1年間でほぼメビオの通常テキスト全範囲を終えるという異例の進度で勉強を進めることができました。物理は本人いわく「よく分からない」科目でしたが、抜群の吸収力ですぐに得意科目にしてしまいました。課題といえば英語。文法が弱く、知識も不足していました。シミュレーション部でゲームの研究をするなかで、海外のゲーム解説書を読むなどして英語に触れていたこともあり、英文を読んで内容を把握する勘のようなものは養われていましたが、正確に訳し、記述するというレベルではありませんでした。高校2年の間は主に基本文法の習熟に時間を割くことになりました。

高校2年の終わりには、京都大学ではなく「東京大学理Iを目指す」という意志が固まりました。もともと医学部への強いこだわりはなく、物作りに携わりたいという気持ちがあってのことでした。ただし、私立大学医学部を受けるということは両親との約束でもありました。

高校3年になっていよいよ全科目で受験に向けた勉強をメビオで始めました。通常の2、3倍のスピードでカリキュラムをこなしてしまう竹谷くんでしたので、数学の高橋いわく、「こちらも腕の見せ所、いつも新鮮な気持ちで授業に臨んでいた」そうです。担当した全講師が同じ気持ちであったに違いありません。こうした「規格外」の生徒にも柔軟に対応できるパワーがメビオ講師陣にはあります。

化学を担当した亀井は「一般の受験対策だと平衡の分野は学習がかなり進んでから始めることになるが、東大など超上位校では平衡の分野が圧倒的に重要となる」との考えから、平衡の分野を優先して扱いました。それにより、「春期講習終了時点で理論化学はかなりの高得点を見込めるめどがついた」のです。本科に入ってからは、主に無機化学、有機化学の暗記事項を固めていきました。現役生の場合、暗記事項は経験不足で弱点になっていることが多いのですが、ここでも亀井の見立てどおり、「各論はまだまだ仕上がっていなかった」竹谷くんは、「有機の各論には少し苦労した」ものの、夏以降は完全に自信が付いたようで、貫禄を感じさせてくれました。

物理を高校2年から担当していた和田によれば、竹谷くんは決して抜群に頭のキレるタイプの生徒ではなかったようです。「なにより特筆すべきは『素直さ』でした」と和田は語ります。「こちらの話を真っ白な状態でまっすぐに吸収してくれる」ので、1回の復習で基本が完全に定着し、教えていない内容でも「一人で考え、解答にまで至る」ことが少なくなかったのです。メビオで新たに学んだ内容を学校の授業で復習するというサイクルに乗せたことで、効率よく学習を進めることができました。

数学も前期の間に残っていた未習分野を終わらせ、全科目夏期講習からは東京大学に照準を定めた授業を展開していくことになりました。数学では記述の仕方にまだまだ不慣れなところがあり、高橋は毎回本番に近い解答用紙を用意して練習をさせました。

苦手としていた英語については、特に定着していない文法はクラス授業を通じて通常のカリキュラムで学習を進めていきました。東京大学の入試では和訳・要約はもちろん、自由英作文、文法からリスニングまで幅広く問われるので、最初からなにかに特化した内容ではなく、基本の確実な定着を図ろうというのが担当した上田の狙いでした。短期記憶は強くても、長期的に残らない傾向にあった竹谷くんにとって、ただ覚えるのではなく、使うことを意識した論理的・体系的な上田の指導は大いに効果的でした。そして夏からは解釈分野を個人授業に切り替え、東大対策を本格的に開始していったのです。東京大学出身でこの大学入試の特性を熟知した谷山のもとで大問ごとの演習を重ね、戦略を立てることで、竹谷くんも確かな「手応えを感じた」のでした。

冬期に入って、慶應大医学部の対策も並行して進めていきました。数学、理科は「理Ⅲでも戦える」まで仕上がっていました。課題であった英語では、「やや難しく考える傾向のある」竹谷くんに対して、上田は「身近なものを題材にして、簡単な英語でいいんだよ」とアドバイスし、実際に「好きなマンガをネタにして」練習させたところ、自由英作文が見違えるようにうまく書けるようになったのでした。

こうして万全の態勢で受験を迎え、結果は見事東京大学理Ⅰに合格、さらに受験した私大医学部は慶應大学医学部、大阪医科大学、関西医科大学すべてを突破することができたのです。メビオならではの生徒に応じた柔軟なカリキュラム編成とスペシャリストとしての講師力が竹谷くんの大きな力となったことは間違いありません。

（２０１６年　慶應義塾大学医学部進学）

あとがき

鷲尾一彦

私が「医学部進学予備校メビオ」を訪ねたのは、今からもう2年以上前のことだ。

幻冬舎の編集者に同行し、大阪・天満橋にある重厚な10階建ての校舎の中に入ったのだが、そこは「予備校」というイメージからはほど遠い、家庭的で、濃密な空気をもつ場所だった。

現代日本の寄宿学校とでも言おうか。

校舎裏にメビオ生しか住んでいない専用寮が3棟も建っていて、7割近くの生徒がそこに住んでいる。教室に荷物を置くや、まず校舎の2階にある大食堂に行き、朝食を食べている。昼になると、講師が生徒たちと一緒に食事を取っている。事務スタッフの女性が受付の前を通り掛かる生徒の名前をすべて覚えている。夜は10時の閉館まで自習室に詰めて勉強して、また寮に帰る(もちろん近隣からの通学者もいる)。朝から晩までずっと勉強という、フルサポートにして、猛烈な学習環境である。

圧巻なのは授業だ。

1学年100人以上いるというのに、1クラスに7、8人しか生徒がいない、徹底した少人数クラス。となると、必然的にクラス数は20にも30にもなる。この校舎には、いったいどれだけの講師がいるのか。

しかも、授業は1コマ3時間半！　年間にすると1800時間、これは通常の予備校の3倍ほどにあたるという。医学部専門予備校でも、ここまで授業時間が多いのは珍しい。

私は、化学科講師、関根先生の授業を生徒に交じって受講させていただいたのだが、正直、この授業の長さは受験から遠く離れた著者の身と脳にはつらかった。

だが周りの生徒たちは黙々と集中を切らさない。それは、紛れもなくこの関根先生の、スピード感と思いやり、そしてユーモアに満ちた授業運びにあった。――彼こそ、本書で大活躍する最強の医学部受験講師「関目大介」のモデルとなった人物だ。

生徒の成績や学習能力を一人ひとり把握し、各自の興味と成長を見てピンポイントに質問を投げ掛ける。抑揚をつけて語られる講義は噺家《はなしか》のように面白いが、生徒の演習中、机間巡視しながら生徒たちの答案を眺めるその視線は優しくも厳しい。しかも、彼のような主任講師はメビオに40人は在籍しているという……。

私は、面白い、と思った。この小説の芽が生まれた瞬間である。

だが、実際に本書が書かれるためには、そこから2年以上にわたる長期取材を余儀なくされた。医学部入試の世界はあまりにも深く険しく、マニアックで、通常の大学受験とは趣を異にする。この30年間で2倍以上の志願者となった学部も医学部しかない。偏差値は、どんな医学部でも、いまや早慶レベル以上。

しかも、受験生にとって大学受験がそのまま職業選択の意味合いももっている。18、19の若者たちが、自分自身の全生活、全能力を試験に賭ける。

私は、メビオのクラス分け作業から始まり、授業見学、講師だけでなく、受験生への直接のインタビューも試みた。実際に医学部入試の会場にも足を運び、現場で生徒に最後の応援をする講師たちにも会った。東京受験では、試験前日の品川のホテルで敢行される名物「直前授業」にも同行し、連日続く入試に疲れた顔を見せながらも、夜遅くまでホテルの会議室で授業に励む生徒たちの姿を目の当たりにした。

こうした取材を経てできた本書だが、ここで一つ断っておきたい。

本書に登場する講師は、メビオ講師の誰かをモデルにしているとはいえ、すべて架空の人物である。また、本書に登場する受験生に至っては、誰かをモデルにしているということさえなく、彼らが引き起こす事件も、私のまったくの創造物である。このような生徒たちが実際にいたわけではない。では、なぜ実録にしなかったのか。それは、実際にメビオで起きている講師と生徒のやり取りが、あまりに個人的な物語だと思ったからだ。まさに一人ひとりに受験物語があり、生徒たちはそれぞれの課題を乗り越えて、医学部に合格していくのである。その数や、40年で、なんと総勢のべ5000人であるという。私は、取材ノートを基に、人物を一人ずつ創り上げていった。このようにして出来上がった本書のなかの「メビオ」とは、もはや、私のイメージを投影した、かなり戯画化されたものとなったかもしれない。あくまで、架空の人物による、架空の予備校で起きた、架空の事件であることをここに明記しておきたい。それに、実際のメビオで日々、生徒たちに向き合っている講師や職員、それに自分の夢に向けて努力しているメビオ生たちに対しては、心から敬意を表したい。

まだ右も左も分からない若者たちにとって、「なぜ自分は医師になるのか」という問題への解を見つけることは簡単なことではない。ましてや、開業医の家庭に生まれ、家を継ぐことを使命のように感じている子弟に至っては、自分なりの理由を見つけることはなかなか難しい。

それなのに、メビオ生たちは、受験に立ち向かう入試本番までには、本書のように、それを自分なりに見つけていくのである。それを可能にしているのは、この予備校の環境の力――すなわち、医学部受験について、本当の意味で精通した大人たちが、長時間、生徒を見守ってくれるからだろう。

本書の執筆・取材にあたっては、メビオの高橋先生をはじめとする講師陣の皆さま、ASと呼ばれる事務スタッフの皆さま、それに広報室の皆さまに多大なご協力をいただいた。忘れられない受験生たちとの対話もあった。このコロナ禍で、医療の世界に邁進していく彼らの決意と努力、勇気と責任感、それに、自分自身の人生を愛する心にエールを送りたい。

2021年1月吉日

【著者】

鷲尾一彦（わしお・かずひこ）

作家・医療ジャーナリスト
別名義で小説や記事などを多数執筆している。医学部の受験事情に詳しく、普段はあらゆる医学部予備校を日々調査し、予備校生やその親などに向けて情報を発信している。本書は医学部進学予備校メビオに対する２年以上にわたる密着取材を経て書き上げた一冊である。

【監修】

医学部進学予備校メビオ

大阪天満橋で1980年創立。
医学部医学科合格者数のべ5000人以上を誇る日本有数の医学部専門予備校。校舎には食堂・厨房を併設、校舎裏には３棟のメビオ専用寮を構え、40名の常勤講師たちが学習生活全体を指導している。講師による医学部受験相談は年間を通じて受け付けているとのこと。

本書についての
ご意見・ご感想はコチラ

いざ、医学部！

日本一おせっかいな講師がいる医学部受験予備校の話

2021年1月29日　第1刷発行

著　者　　鷲尾一彦
監　修　　医学部進学予備校メビオ
発行人　　久保田貴幸

発行元　　株式会社 幻冬舎メディアコンサルティング
〒151-0051　東京都渋谷区千駄ヶ谷4-9-7
電話　03-5411-6440（編集）

発売元　　株式会社 幻冬舎
〒151-0051　東京都渋谷区千駄ヶ谷4-9-7
電話　03-5411-6222（営業）

印刷・製本　瞬報社写真印刷株式会社
装　丁　　弓田和則
イラスト　alma

検印廃止

ISBN 978-4-344-92596-0 C0037
幻冬舎メディアコンサルティングHP
http://www.gentosha-mc.com/